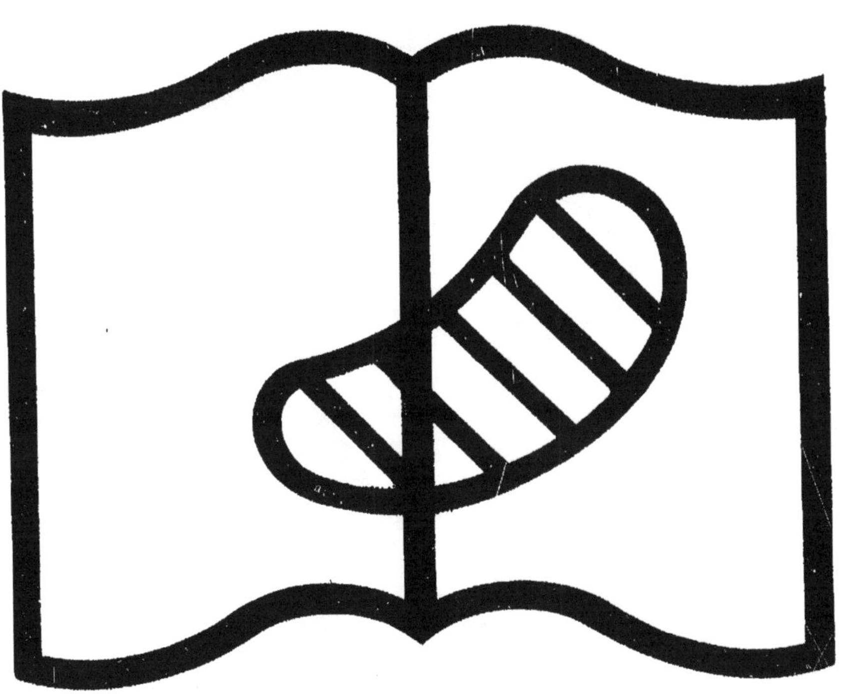

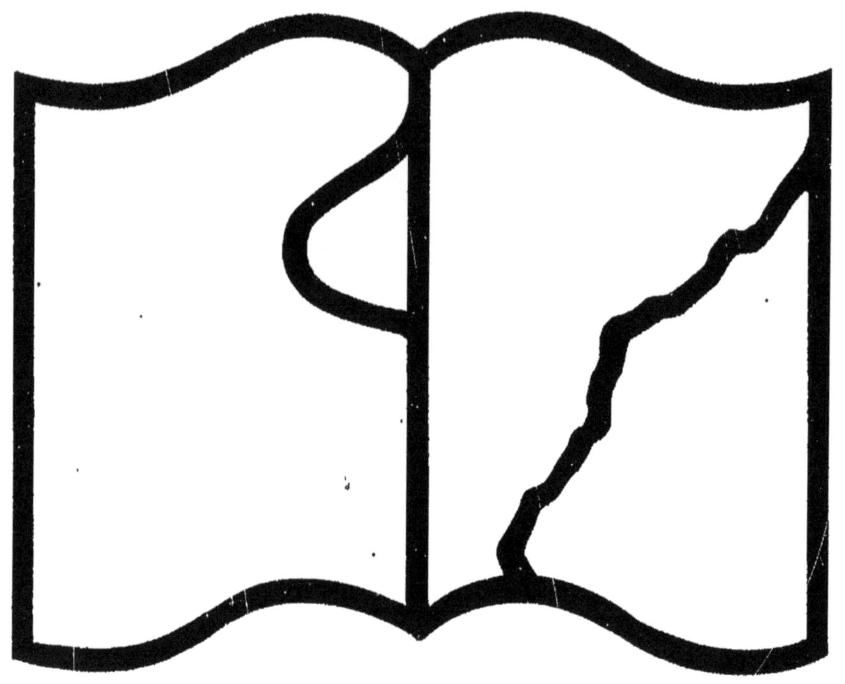

F. MICHELIN

ESSAI

SUR LA

DÉMORALISATION SOCIALE

SES CAUSES, SES REMÈDES

PREMIER MILLE

PRIX : 2 Francs

LONS-LE-SAUNIER
IMPRIMERIE ET LITHOGRAPHIE J. MAYET ET Cie
20, rue Saint-Désiré, 20

1888

ESSAI

SUR LA

DÉMORALISATION SOCIALE

SES CAUSES, SES REMÈDES

DU MÊME AUTEUR

A PARAITRE

L'ENFANT PLÉBÉIEN

Étude de mœurs, précédée d'une dédicace à L... G...

CINQ MARS

Étude historique sur le siècle de Richelieu, à l'aide de documents inédits, ouvrage richement illustré.

F. MICHELIN

ESSAI
SUR LA
DÉMORALISATION SOCIALE

SES CAUSES, SES REMÈDES

PREMIER MILLE

PRIX : 2 Francs

LONS-LE-SAUNIER
IMPRIMERIE ET LITHOGRAPHIE J. MAYET ET Cie
20, rue Saint-Désiré, 20

1888

A MON PÈRE

C'est à vous, mon père, vous qui avez vu nos premières années, essuyé nos premiers pleurs, contemplé nos premiers sourires, à qui nous voulons offrir les faibles travaux de notre main encore inexpérimentée.

C'est vous qui avez guidé les pas chancelants de votre enfant, quand, trop jeune pour se conduire seul, il demandait à votre main une tutélaire protection.

C'est vous qui, lorsque, homme, il a fait son entrée dans la vie, c'est vous, disons-nous, qui l'avez conduit dans le chemin de la vertu, duquel, hélas! il s'est trop souvent écarté.

Mais c'est vous qui, recevant l'enfant prodigue revenu auprès de vous, l'avez, par votre tendre affection, consolé de ses douleurs et lui avez montré, pour le soutenir dans ses heures d'affliction, le Christ du Calvaire, cet ami du cœur malheureux, de l'intelligence méconnue et profanée, ami qui seul entre tous reste fidèle aux moments de violente angoisse, de profond désespoir.

Peut-être, dans le travail qu'il livre aujourd'hui aux regards de tous, trouverez-vous de nombreux défauts, et regretterez-vous qu'il ne s'en soit pas remis à vous du soin de corriger les imperfections qui ont glissé sous sa plume.

Peut-être, sévère censeur, regarderez-vous d'un œil peu satisfait certaines de ses théories qui vous sembleront mal fondées et redouterez-vous qu'il ne sacrifie que trop à cet esprit du siècle, indépendant à outrance, contre lequel il a écrit les lignes qu'il offre au public.

Mais ne craignez rien. Il a toujours respecté les doctrines qui vous sont chères.

Il n'a pas oublié que c'est auprès de vous qu'il a appris à aimer et à chérir les membres de cette classe ouvrière trompée et volée.

Il n'a oublié ni vos exemples de dévouement sans bornes, ni vos leçons sublimes, quand vous lui appreniez à ne jamais sortir de la voie du devoir, à ne jamais sacrifier ses convictions à ses intérêts.

Il a vu que l'ingratitude des hommes n'avait affaibli ni votre courage ni vos nobles desseins.

Qu'aujourd'hui, apportant à votre cœur de père, qui a tant souffert, quelques consolations, il montre, votre fils chéri, par cet écrit, que vous n'avez donné le jour ni à un renégat ni à un incrédule.

Toujours amoureux de cet idéal que vous lui avez appris à chérir, il a voulu tenter de communiquer à ses jeunes compatriotes un peu de cette flamme qu'il a reçue de vous.

Votre humilité, peut-être, souffrira de ce juste hommage rendu à un père à qui l'on doit tout : la vie morale comme la vie physique. Au risque d'encourir votre blâme, nous n'avons pas cru devoir taire notre pensée, afin que si, dans notre écrit, l'on découvre quelque noble sentiment, l'on sache bien que c'est à vous seul que nous le devons.

Les hommes ne nous ont instruit que dans la haine.

Vous seul, ô mon père, nous avez appris l'amour et le pardon.

Pardonnez-nous donc, comme vous l'avez fait tant de fois déjà, pardonnez-nous d'avoir écrit votre nom à la première page de ce livre.

PRÉFACE

Les quelques pensées que nous offrons au public, en tentant d'en faire un tout compact, ne révèlent ni une intelligence supérieure, ni une érudition rare.

Leur auteur a peu lu, mais il a beaucoup vu.

Il ose réclamer de ses lecteurs une grande indulgence qui, il l'espère, lui sera accordée, vu son jeune âge.

Ce n'est pas à vingt ans que l'on peut sans appel juger des hommes et des choses.

C'est à la jeunesse surtout que nous nous adressons, c'est pour elle que nous avons écrit ces quelques lignes que des circonstances nous engagent à publier.

C'est à cette jeunesse des Ecoles à laquelle nous sommes fier d'appartenir que nous faisons appel. Dieu veuille que notre voix soit entendue !

La Patrie a besoin de tous ses enfants. Laissez-là les coupes et les femmes et suivez-nous.

Nous aussi, jeune étourdi, nous avons sacrifié à ces plaisirs féminins et lascifs, dans lesquels se complait cette jeunesse intelligente et virile et dans lesquels elle rencontre l'idiotisme et la mort.

Nous avons détourné, enfin, les yeux de ce spectacle immonde ; en face de ce banquet impur qui nous était servi, nous avons senti un profond sentiment de dégoût envahir tout notre être.

Assez de corruption morale, assez de corruption physique. Assez d'or aux filles, assez de sacrifices à l'ignominie, assez d'indulgence pour le crime, assez d'indifférence en face des vraies souffrances.

Oh ! ne croyez pas qu'implacable moraliste, austère casuiste, nous venions impitoyablement châtier avec une verge de fer et sans pitié tout ce qui n'est pas dans la voie de la vertu.

Non. Nous avons pénétré dans tous les mondes, dans le salon du riche, la villa du prince et la mansarde du pauvre, nous avons approché de la pureté virginale et du vice éhonté. Nous avons étudié dans ces tableaux vivants mieux qu'on ne saurait le faire dans les livres.

Nous en avons rapporté la ferme conviction que l'humanité n'est vicieuse que parce qu'elle est malheureuse.

Au fond de tout vice, cherchez bien : vous trouverez toujours une douleur.

DE LA

DÉMORALISATION SOCIALE

Ses Causes et ses Remèdes

CHAPITRE Ier

Exposition du sujet. — La moralisation du peuple et les partis politiques.

Lorsque l'on considère attentivement l'histoire des nations anciennes, l'on s'aperçoit bien vite que la corruption fut l'agent principal de leur décadence.

Il suffit, pour s'en convaincre, de feuilleter les annales de ce peuple grand parmi tous, le peuple romain. Sa disparition de la scène du monde n'a été que l'effet du relâchement de ses mœurs ; si aujourd'hui encore la Cité qui lui a donné naissance a survécu à sa grandeur, si l'on n'a point oublié l'antique patrie de Cicéron, ne semble-t-il pas que des évènements extraordinaires ont seuls sauvé d'une ruine irréparable la ville aux sept collines.

Toutes les nations du monde antique ont succombé sous les mêmes coups; toutes ont été frappées par le ramolissement qui s'introduisit dans la vie morale de leurs citoyens.

Lorsqu'un peuple n'ayant plus d'ennemis à vaincre croit enfin pouvoir se reposer de ses longs travaux dans les doux plaisirs, lorsque les poitrines ne se soulèvent plus au contact des plus vives émotions, que la froideur et l'indifférence ont succédé aux plus violents transports, témoin ce peuple romain à qui, pendant de longs siècles, la liberté fut si chère et qui, plus tard, n'eut pas même le courage de secouer le joug des tyrans dépravés qui l'avilissaient, lorsque, disons-nous, ces graves symptômes, se manifestent dans une nation, il n'y a plus qu'à pousser ce cri de suprême désespoir que l'on prête, à tort ou à raison, au héros fameux d'une noble nation disparue : *Finis patriæ!...* car bientôt la patrie, descendue à un tel degré de décadence, se vera écrasée sous la botte d'un barbare ou le fer d'un dictateur. (1)

(1) Quand, pour la première fois nous écrivions ces lignes (novembre 1880), nous n'avions pas encore eu le malheur de voir

Entendez-vous au loin résonner ce canon. C'est le coup de grâce de la Providence. De l'Orient à l'Occident, les voutes des temples sont ébranlées, les colonnes des palais brisées, les monuments s'effondrent, de toutes parts ce n'est que feu et sang, et, avec un cynisme incroyable, un furieux Cosaque après ces scènes de carnage, écrira aux puissances : « L'ordre règne à Varsovie. » Oui, mais c'est l'ordre du désert!.....

Il faudrait être aveugle, pour ne pas voir que cette ponte, qui fut si funeste au monde antique, menace de le devenir pour le monde moderne.

Il faudrait avoir le parti-pris coupable des ambitieux pour nier que la France, en particulier, abandonnant les antiques traditions de courage et de virilité qui lui assuraient la première place au milieu de toutes les nations de l'Univers, s'est laissé glisser dans cet abîme d'où les peuples ne sortent que mutilés ou salis

à quel point le peuple français est soucieux de vendre sa liberté, car l'on connaissait à peine ce général de cafés-concerts, soldat sans victoires, de qui la foule s'est épris soudain, dans la seule et sotte envie de remettre entre les mains du premier venu une liberté qui la fatigue (mars 1888).

par cette fange dégoûtante dans laquelle ils se sont plus.

Nous vous en prenons à témoin, ô vous jeunes gens lecteurs de ces lignes, qui coudoyez ce monde équivoque, refuge de tous les crimes et de tous les vices. Le vice n'a même plus besoin de revêtir des formes trompeuses ; il s'étale au grand jour, et l'on ne peut lever les yeux sans apercevoir sur les murs de nos grandes villes d'immondes placards dignes d'autres lieux.

Point n'est besoin de montrer à quel point est développé dans toutes les classes de la société, le luxe, cause première de l'énervement des caractères, si encouragé, il y a peu d'années, par le gouvernement du troisième Napoléon, le plus mauvais élève qu'ait produit l'école des Césars, qui prétendait résoudre la question sociale en augmentant les besoins, économie politique de décroteurs et de marchands de journaux ! !

Quant à l'amour de l'or et de l'agiotage, de terribles évènements de ces derniers temps sont là pour montrer jusqu'à quel point on le poussa, puisqu'il en est qui crurent relever la France en trafiquant sur l'or ; l'épreuve fut terrible, la débâcle cruelle. Depuis ce jour, la fortune publique ne s'est pas encore relevée. Tant mieux si la leçon doit servir. Les coupables, cependant, portaient les noms les plus illustres et les plus fameux parmi les orateurs et les écrivains catholiques. L'on se serait cru ramené à cette époque biblique où le peuple d'Israël se prosterna devant le veau d'or.

Le seul bonheur des hommes du jour est de thésauriser. L'on mesure l'estime à la bourse. Les spéculations ont remplacé toute autre ambition; le banquier est le roi du monde. Les mines d'or sont fouillées, on gratte la terre, on économise, on entasse, et, chose bizarre, les coffres restent vides. Jamais la Fortune n'a été si changeante, jamais, d'autre part, le paupérisme n'a été si effrayant, en dépit du déploiement toujours croissant du luxe et du faste. Mais ce faste même s'est plutôt généralisé qu'accru. Chacun a besoin de paraître plus qu'il n'est; aussi, en aucun temps, n'a-t-on vu pareille confection d'objets trompe l'œil. Quant à la pompe solennelle et majestueuse, on ne la rencontre plus nulle part; tout sent la mesquinerie du siècle qui rampe terre-à-terre.

Pour compléter ce triste tableau, il fallait

encore que des théoriciens se fissent les apologistes de la luxure. Epicure n'a pas manqué de disciples; entre leurs mains, la morale de la passion est devenue la morale du plaisir, simple jeu de mots, car toutes ces théories anti-spiritualistes tendent à substituer l'intérêt au devoir.

La philosophie, à l'exemple de l'épicurisme de l'Empire romain, a contesté l'existence de Dieu et l'immortalité de l'âme humaine, bases inébranlables de la Société ; les mêmes résultats ont couronné l'œuvre de ces faux penseurs ; les suicides se sont multipliés dans des proportions incroyables !

La littérature nous offre un spectacle que l'on chercherait en vain dans l'antiquité; les Emile Zola n'ont pas eu de devanciers. Dans les élucubrations parfois immorales des écrivains de l'antiquité, leurs auteurs savaient au moins rendre justice à la vertu. Les poëtes de la décadence romaine trouvaient des accents éloquents pour flétrir le vice; ils saluaient respectueusement la vertu outragée. Les prosateurs modernes, — la poésie est un art trop élevé pour leur pensée ordurière et leur faible talent, — les prosateurs modernes, disons-nous, ont plus de cynisme. Il est d'un bon aloi de tourner en ridicule le mari outragé, la vierge souillée... Phèdre s'indignait à la pensée de l'inceste, Renée consomme le crime et recueille des applaudissements.

« Panem et circenses, » s'écriait Rome.

« Aurum et circenses, » mugit le XIXe siècle ; tout à la chair, tout à la matière. Bals, spectacles, plaisirs, ivresses, voilà l'idéal de la société. Honni soit celui qui parlera un autre langage !

Périsse la Patrie plutôt que les jeux ! Les catastrophes, succédant aux catastrophes, engloutissent des monceaux de victimes ; les cirques s'écroulent ; à la lueur des flammes de l'incendie, les chanteurs d'Opéra comptent leurs victimes... Le mouvement est-il un instant arrêté ? Semblable à un char magique emportant à l'abîme ses nombreux voyageurs qui sonderaient du regard le précipice et hâteraient leur chute par leurs danses joyeuses et leurs extravagances, le Siècle entraîne à un gouffre noir les malheureux qui s'en remettent à lui de leur destinée, et, au fond du gouffre, c'est la faim, la misère, quand ce n'est pas la mort avec tous les supplices qui la déterminent.

Débauche, mollesse, soif de l'or, telles sont les peu enviables qualités de la société française. Pour arriver au bas de la pente rapide qu'elle suit, elle n'a plus qu'un pas à franchir, et ce pas elle le franchira, parce qu'ainsi le veut la loi immuable du progrès, ainsi le veut la loi de la constitution des Etats ; elle le franchira, et, comme la Pologne, notre Patrie sera rayée de la carte du monde.

Un nouveau La Mennais aura beau entonner avec une variante cet hymne que l'auteur de « l'Indifférence, » chantait sur le tombeau de la patrie de Krukowiseki : « Dors, ô ma Pologne, dors en paix dans ce qu'ils appellent ta tombe : moi, je sais que c'est ton berceau. » Pas plus que cette nation infortunée la France ne ressucitera de ses cendres. Ses vêtements de soie, les grands se les disputeront pour orner leurs épaules, ses joyaux et ses bijoux, ils les vendront à l'encan (1), trop heureux s'il leur est donné de briller sur le front d'un Roi ou d'un Empereur...

Non, dites-vous encore, jeunes gens enthou-

(1) Il semble que les gouvernants eux-mêmes veulent hâter ce moment. N'ont-ils pas, en effet, vendu les diamants de la couronne pour équilibrer leur budget.

siastes qui lisez ces lignes, non la France ne périra pas. Ne sommes-nous pas là, nous, les fils des croisés du Moyen-Age, nous, les descendants de tant de héros et récemment des zouaves de Castelfidardo et de Patay? Nous, dont les pères sont morts, il y a dix-sept ans, sur le champ d'honneur, qui ne rêvons que vengeance!... qui sommes prêts à donner à la patrie notre sang et notre vie.

Où donc, cependant, est le préservatif, où le remède?

..... Rome, nous le disions tout à l'heure, semble faire exception parmi les nations antiques, et, aujourd'hui, tous les fronts se courbent encore devant la patrie de Pompée et de César, tandis que c'est à peine si l'histoire nous transmet la mémoire de Babylone et de Carthage. Pourquoi cette distinction!

Ah! c'est qu'un souffle divin a passé sur elle, c'est qu'après avoir été la Capitale d'un vaste Empire qui au nord touchait à la mer glaciale et au sud s'étendait jusqu'au Sahara, elle est devenue la capitale du monde entier.

Comme Rome, la France peut trouver une force capable de résister au courant qui l'emporte; cette force, c'est le Christianisme, le Christianisme, devant lequel les aigles de l'Empire se sont abaissées, les portes de la Cité se sont ouvertes.

Or, à cette heure-ci, le Christianisme, qui protégea Rome d'une chute irréparable, peut seul sauver la France, et, c'est pour cela, qu'en combattant la religion de l'homme-Dieu, les sensualistes conduisent notre patrie à l'abîme.

Tous les partis politiques ont, depuis un siècle, inscrit dans leurs programmes plus ou moins mensongers l'allègement des souffrances des basses classes et, partant de là, la moralisation du peuple. Les uns ont prétendu moraliser le peuple en mettant à découvert les vices les plus honteux. D'autres, avec un sens plus exact, une raison mieux équilibrée, une connaissance plus approfondie du cœur humain, ont pensé qu'il était préférable de jeter le voile sur des exemples malsains et de moraliser les masses en leur enseignant les préceptes du Christ et en leur donnant l'exemple de la pratique de ces préceptes, car fort judicieusement ils ont été convaincus que l'exemple est le meilleur appui de la parole.

Dans notre pays si ébranlé par des commotions diverses et si divisé, un noble parti s'est en quelque sorte approprié cette tâche glorieuse, a fait sienne la cause de la moralisation et a cherché les moyens les plus propres à réconcilier l'homme moderne avec l'homme ancien, à faire passer dans le premier les vertus qui distinguaient le second. Aussi, ces catholiques fervents, qui étaient en même temps de fidèles monarchistes, ont-ils unis dans leur cœur leur foi politique et leur foi religieuse. Leur tort a été de donner à la politique une stabilité qui n'appartient qu'à la religion; plus loin nous exposerons en détail leur erreur; qu'il nous suffise de dire présentement que, s'étant figuré le rôle de la monarchie tel qu'il existait avant notre siècle, ils ont voulu faire un pas en arrière. En arrière se trouve un gouffre, ils n'ont su l'éviter, ils ont misérablement échoué.

C'est qu'en tous temps et en tous lieux les fleuves ne remontent pas à leurs sources.

Les nations sur la pente de la décadence ne peuvent revenir sur elle-mêmes, à moins qu'un souffle divin ne les ranime.

Les fleuves ne remontent pas à leurs sources!

Le temps, pas plus que les personnes, ne renait de ses cendres.

Les fleuves ne remontent pas à leurs sources!

Quand on étudie attentivement la philosophie de l'histoire contemporaine, comme l'on est prêt à excuser ce mouvement qui, en 1851, porta de nombreux partisans de la Monarchie traditionnelle et libérale à saluer l'avènement du régime le plus autocrate et le plus autoritaire que la France ait jamais subi. Les Victor Cousin et les La Rochejaquelein crurent voir une transformation et non une restauration, non un retour vers le passé, mais l'avènement d'un ordre de choses nouveau... Ils s'égarèrent, et la faute de Napoléon III fut encore de vouloir faire revivre ce qui était mort.

Les fleuves ne remontent pas à leurs sources!

Ils ont méconnu ce grand principe les hommes de la Restauration, tentant d'allier le trône et l'autel.

Il méconnaissait ce principe, le comte d'Artois, lorsque, couronné Charles X, il s'écriait: « Il n'y a que M. de La Fayette et moi qui n'ayons pas changé depuis 89. »

Ils ont méconnu ce principe les hommes de 1830 qui lancèrent les ordonnances de Juillet.

Méconnu ce principe ceux qui, en 1850, se prononçaient contre la liberté d'enseignement.

Méconnu ce principe, enfin, ces sectaires qui, en plein XIXe siècle, crochètent les portes, et renouvellent des scènes qui rappellent les Dragonnades si reprochées au Grand Roi!...

Il est bon de se souvenir que l'Eglise n'a point de parti; elle ne peut approuver ceux qui la persécutent, cela est naturel, mais elle reste en dehors de toutes les rivalités, de tous les troubles civils.

Quant à ceux qui souhaitent dans le retour de la Royauté un régime réparateur, qui désirent que la France renoue ses traditions monarchiques, tout en tenant compte de l'esprit du temps, parce qu'il leur semble que le régime monarchique est le plus propre à faciliter l'amélioration de la société, loin de nous le projet de les désabuser. Si, d'ailleurs, nous pouvions douter que la Royauté dût être un régime essentiellement moralisateur, la droiture d'esprit, le bon sens et le patriotisme de celui qui rapporta de Frohsdorf les traditions d'une noble famille et l'héritage d'un Roi que ni les menaces des partis ni les promesses des coteries n'ont jamais pu influencer, nous seraient une garantie pour ce que doit être la royauté future, si jamais la Providence couronne de succès les efforts des partisans de la Monarchie.

Mais ce n'est point un changement de régime qui, seul, peut sauver la France. En admettant que la royauté lui rapporte, à son retour, cette grandeur et cette prédominance sur les autres nations qu'elle n'a jamais cessé de lui assurer, il y a, croyons-nous, une question de principes plus élevée qu'il s'agit de trancher. Qu'importe le nom que porte le gouvernement, si les germes démoralisateurs continuent à croître à son abri?

La Société a besoin d'un changement radical, elle a besoin d'une rénovation. Ce n'est pas seulement dans les mœurs plus ou moins efféminées que se dévoile la démoralisation, c'est aussi dans l'insubordination de l'inférieur contre le supérieur, c'est aussi dans l'oppression du faible par le fort, c'est aussi dans la profusion des doctrines athées, matérialistes, sensualistes qui conduisent les hommes au désespoir et à la haine.

Les catholiques eux-mêmes aujourd'hui semblent trop suivre le courant qui emporte la société française à la décadence.

A quoi donc est-elle occupée cette jeunesse dorée du dix-neuvième siècle qui possède la vie, la santé, l'enthousiasme? Est-ce que dans son cœur brûle l'amour sacré de la Patrie? Est-ce que l'on voit son ardeur se répandre sans limites aux œuvres libérales? Est-ce que sa générosité traditionnelle sait se manifester dans le soulagement des misères humaines?

Le fils de famille jette au vent son or, sa santé, sa réputation. Il sacrifie et son avenir et celui des siens aux femmes et à la débauche. Oh! jeunes étourdis, laissez-là les liqueurs enivrantes et les dîners nocturnes, laissez-là ces filles qui vous ruinent, vous tous qui croyez, qui avez eu pour veiller sur votre berceau une mère chrétienne, pour dresser vos jeunes années des maîtres chrétiens, vous tous qui êtes appelés à remplir dans la société des rôles importants, ne restez pas indifférents aux pleurs de votre Patrie.

Qu'il avait raison le poète qui vous reprochait de bannir le franc rire de vos fêtes? Non, vous ne savez plus rire, ni pleurer. Un noir ennui, un indéfinissable chagrin emplit votre vie ; à vingt ans déjà, vous avez trop vécu ; et vos têtes chauves, vos cheveux blanchis accusent une précoce vieillesse.

Jeunes gens, réagissez, réagissez contre ces néfastes tendances. Cessez de faire vivre de vos deniers les proxénètes et les prostituées... Sortez de cette société pourrie qu'au fond du cœur vous méprisez !

Et vous, hommes faits, vous, pères de famille, vous qui préférez un coupable repos aux labeurs méritoires, est-ce que ceux qui aspirent à diriger une société n'ont pas le devoir de faire connaitre quelles améliorations ils comptent faire? et surtout, sous le fallacieux prétexte qu'ils attendent que les pouvoirs publics les favorisent, doivent-ils ajourner sans cesse leurs projets de réforme ? Pour agir, répondez-vous, pour éclairer le peuple, le sauver, il faut de l'argent..... Eh quoi! c'est donc vous qui alléguez pareil obstacle lorsqu'il s'agit du salut de la Patrie !!! de l'argent, vous en avez pour faire construire vos châteaux, pour orner vos somptueuses demeures, pour vous faire remarquer par vos fastes et vos ridicules dépenses, pour réjouir vos convives, et vous adonner à tous les plaisirs dissolvants... Allons, buvez, chantez, dansez danses et contre-danses, et lorsqu'au réveil d'un si beau rêve il faudra donner quelques gouttes de votre sang corrompu, retrouverez-vous peut-être encore quelque énergie pour pousser une dernière fois en tombant le cri de « Vive la France! »

Ce ne sont pas des cris de désespoir qu'il faut aujourd'hui; ce n'est pas une mort plus ou moins héroïque qu'on attend de vous; ce n'est pas votre vie que l'on vous demande, ce sont quelques pièces d'or, quelques pièces d'or pour empêcher de mourir de faim vos malheureux compatriotes, pour soutenir des œuvres que vous revendiquez vôtres, en agrandir le cercle, bâtir des écoles catholiques, afin que l'Etat n'ait plus qu'à raser les prisons, quelques pièces d'or pour fonder des associations fermes et durables qui permettent à l'ouvrier de vivre honnêtement loin de ces agitations stériles qui l'énervent, pour étouffer, enfin, l'anarchie intérieure et refouler les ennemis du dehors.

La France peut se relever, elle est la fille

aînée de l'Eglise. Dieu l'a faite guérissable, mais elle ne se relèvera qu'à la seule condition que ses enfants auront assez de courage pour vaincre ses ennemis, assez de dévouement et de désintéressement pour se consacrer à elle pour elle seule.

Jeunes et vieux, éveillez-vous tous, fils de France éveillez-vous! C'est la chevalerie, votre ancienne divinité qui vous appelle; mais elle n'a plus une lance altérée de sang, son panache de pourpre ne se balance plus dans la nue, elle vole sur la fumée des détonations enflammées. A chacun de ces éclats, elle vous crie: « Eveillez-vous! »

En avant! les armes brillent au soleil, les drapeaux se déploient avec solennité. En avant! Mais ne craignez rien, ô pusillanimes. Nos seules armes sont la plume et la parole. Nous n'avons d'autres ennemis que la dépravation du siècle.

Notre étendard a brillé il y a des siècles dans les cieux. Quand au clairon, il est sonné par l'Hôte de la ville éternelle et ses sons retentissants apportent à tous paix, amour, pardon.

CHAPITRE II

LE FAUX PROGRÈS

Pour tout homme sensé, et en dehors de tout parti pris, il est évident que, depuis cette grande commotion que l'on nomme : la « Révolution Française », la morale a tendu de plus en plus à disparaître, pour faire place à une licence sans précédent.

Tout ce qu'il y a au monde de noble tend à sombrer devant cette invasion d'un nouveau genre. Et cependant, jamais l'on a tant parlé de civilisation, jamais l'humanité ne s'est tant enorgueillie d'elle-même, jamais l'on a tant vanté les effets du progrès. En face des ruines qu'il a amoncelées, le siècle se pose comme le grand édificateur de l'ordre social, comme le pacificateur des peuples, comme le grand justicier de tous les crimes du passé.

La Civilisation !..... mais qu'est-ce donc que cette civilisation tant prônée, cette civilisation que les peuples européens portent avec un empressement tout nouveau aux peuplades barbares, comme le suprême remède à leurs maux. C'est ce que nous allons tenter de montrer.

Jadis, quelques miliers d'hommes combattaient pour conserver à leurs concitoyens le sol de la Patrie, ou pour l'agrandir ; aujourd'hui, c'est par centaines de mille, que l'on envoie périr les hommes sur le champ de bataille, comme dans de vastes boucheries. Jadis, il existait une caste à laquelle incombait la mission noble et périlleuse de défendre les enfants de la France ; aujourd'hui, le laboureur comme le grand propriétaire, le commerçant comme l'ouvrier, tous doivent prendre les armes...., et cela, au nom de la fraternité universelle, au nom de la Civilisation.

Au nom de la Civilisation, il vous est interdit de faire part à autrui de vos pensées, car si ces pensées ont le malheur de déplaire à la coterie dont les adeptes détiennent le pouvoir, l'amendo ou la prison sauront vous imposer silonco.

Au nom do la Civilisation, il vous est interdit à vous, hommes do vertus, do vous réunir, sans qu'un ministre populaire ne vous jotto à la porte commo des parias !

Au nom de la Civilisation, il vous ost interdit, philosophe ou savant, de communiquer à des fidèles, à des disciples uno partie do votre talent ot do vos lumièros. Si vous ne subissez pas le sort de Socrate, votre condition n'en vaut guère mieux. L'absolutisme impérial laissait aux citoyens romains la liberté d'ouvir des écoles à leur gré, le libéralisme révolutionnaire n'accorde pareil droit qu'à ceux qu'il en a jugés dignes et à qui il a remis — faveur insigne ! — un morceau de parchemin revêtu de la griffo officielle !

L'histoire a dressé un triste piédostal à ce monstre couronné par le crime qui, à la vue de l'incendie dévorant allumé par ses mains, jouait du luth sur lo sommet de l'une des sept collines do la capitalo du mondo, mais, il y a dix-sept ans, à peine, en pleine civilisation, n'avons-nous pas vu des Français allumer l'incendio de leur capitale. « Les Chrétions aux lions, » mugit Néron, pour faire diversion, « les Chrétiens à la Roquette, » hurle la foule sanguinaire de 1871. N'est-ce pas cependant, pour de tels hommes, que la Patrie réserve ses bienfaits ; ils rentraient triomphalement par une porte dans Paris, tandis que par l'autre sortaient d'honnêtes citoyens à qui la France doit en grande partie son illustration, coupables qu'ils étaient de représenter l'ordre moral parmi des débauchés.

Et tout cela au nom de la Civilisation !

Si, au moins, cette civilisation avait agrandi le cercle moral de la vie privée. Nos lecteurs sont fixés sur ce point.

Jamais dans les siècles les plus dépravés l'on a vu pareille corruption et surtout une corruption si générale. La société en est arrivée à être contrainte de fermer les yeux sur les vices et les immoralités, elle en est arrivée à sourire des crimes les plus révoltants ou à détourner la tête pour ne pas voir et ne pas punir. Nous pourrions fouiller dans cette fange d'où se dégage une odeur nauséabonde, notre délicatesse et le respect dû à nos lecteurs nous interdisent semblable recherche ; il n'est rien, d'ailleurs, que nous puissions

— —

dire que chacun ne constate par lui-même.

Sans cesse menacée par la guerre civile, Paris ne s'occupe que de fêtes, de bacchanales et d'orgies ; les plaisirs les plus étranges emploient les loisirs de ses enfants. La folie règne en despote. La luxure, aux yeux brillants de la jeunesse, fait sa ronde de nuit et le vice promène avec lui des crimes silencieux que le Bas-Empire soupçonnait à peine.

Une soif ardente de la jouissance a envahi le peuple et les inclinations se sont changées en passions violentes pour lesquelles rien n'est sacré, par lesquelles rien n'est respecté.

L'on peut se demander avec anxiété où se trouve le bien et le mal.

La criminalité s'accroît chaque jour, c'est un fait incontestable, dans des proportions effrayantes, et, sous ce rapport encore, notre siècle n'a rien à envier aux siècles les plus barbares, surtout si l'on tient compte de l'organisation policière moderne : fratricide, infanticide, parricide, ce crime inconnu à la législation romaine, se commettent chaque jour dans des circonstances terrifiantes ; et, en face de tant de forfaits, les institutions modernes, au rouage si compliqué, semblent se déclarer impuissantes à protéger les individus. Les tribunaux sont esclaves des coteries ; celui qui s'appuie sur des complices riches et puissants peut se glorifier de ses crimes, et de ses infamies, et vous entendez prononcer la culpabilité là où l'innocence est seule à se défendre.

Et toujours au nom de la civilisation !

Au nom de la civilisation, les hommes s'entre-tuent, au nom de la civilisation, il ne leur suffit plus de se vendre les uns les autres comme de viles marchandises, il leur faut encore acheter les consciences. Au nom de la civilisation, l'on érige la tyrannie en dogme ; les systèmes gouvernementaux modernes, édifiés sur la liberté, sont plus oppressifs que ceux de n'importe quelle époque, car, depuis Aristote, l'on sait que la tyrannie d'un seul vaut mieux que la tyrannie de plusieurs, et jamais cette volonté nationale, que l'on exalte si haut, n'a été si violentée, car le dernier mot reste toujours aux minorités les plus infimes, jusqu'au jour où un dictateur, posant le pied sur une société pourrie, renouvelle les attentats du 18 brumaire et du 2 décembre ; la place est au plus offrant, tout comme dans la Rome de la décadence. Il arrive des heures où le pouvoir pour se conserver est contraint de frapper. La terreur seule alors, la terreur, qui inspire le respect et la crainte, soumet sous une verge de fer les récalcitrants et force l'admiration.

Dans cette atmosphère de ruines et de souffrances, si elle ne sait pas employer le fer et disposer les cachots, la Majesté devient victime à son tour.

A aucune époque, pourtant, le patriotisme n'a été si bruyant. Nous savons, toutefois, n'est-il pas vrai, à quoi nous en tenir à ce sujet. N'a-t-on pas entendu des hommes s'écrier à la face de la France qu'il valait mieux être « Prussien et manger du beurre, que Français et manger du pain sec. » Il y a peu de jours, les adeptes de semblables thèses se glorifiaient du nom « d'Antipatriotes, » dont on les qualifiait. Ce ne sont, sans doute, là que de rares exceptions, que l'on aurait grand tort de généraliser, mais, en vérité lorsqu'un pareil langage peut être tenu impunément, lorsqu'il se trouve des hommes pour parler ainsi, il faut qu'une nation soit descendue bien bas. Nous sommes certes loin de ces temps où des soldats français, à jeûn depuis trois jours, jetaient leur ration pour courir au combat.

C'est là, cependant, ce que l'on ose nommer le progrès !

Est-ce à dire que le patriotisme ait complètement disparu, que l'égoïsme seul règne dans tous les cœurs ? Il y a peu d'années, nos armées n'arrachaient-elles pas des cris d'admiration à l'ennemi, et ne vit-on pas des exemples sublimes d'héroïsme, hélas ! fort peu récompensés !

Mais l'héroïsme de quelques-uns peut-il sauver une nation ? Quel peuple a poussé l'héroïsme plus loin que la Patrie de Kosciusko ? l'héroïsme n'a pas sauvé la Pologne de la mort.

L'on nous dira, sans doute, que nous soutenons une thèse de sophiste en niant le progrès accompli depuis un siècle. Jamais, en effet, aucune époque n'a vu d'aussi brillantes découvertes. Regardez : plus de frontières, plus de servitudes, la vapeur franchit toutes les bornes, la pensée est transmise aussitôt que conçue avec une rapidité effrayante. Nous n'avons que faire du soleil, cet astre divin dont on vantait l'éclat bienfaisant, l'électricité l'a vaincu. L'on mesure la distance du ciel à la terre, de telle planète à telle autre aussi aisément qu'un paysan mesure son champ. La science ne désespère pas d'arriver un jour à franchir l'espace qui nous sépare des astres et s'élever jusqu'à l'Infini; alors, disparaîtront toutes les turpitudes des siècles ignorants, alors seront confirmées par les yeux des sens les hypothèses faites par les yeux de l'esprit sur les divers astres et sur leurs rapports entre eux, les hommes de la planète terrestre correspondront avec ceux de la lune aussi facilement que les habitants de Pétersbourg correspondent avec ceux de Paris. Peut-être même un jour viendra où les sciences parviendront, enfin, à trouver un remède contre la mort et à rendre l'homme immortel ; d'ailleurs, de récentes découvertes ont montré que ce jour devait fatalement et incontestablement arriver : alors, rejetant toutes les superstitions, l'humanité pourra s'écrier : « Il n'y a pas d'autre Dieu que moi !... »

Bravo ! nous nous inclinons avec respect devant ces découvertes, mais la science, ô esprit humain, quoi qu'on en dise, nous paraît encore fort bornée; tu n'as pas atteint l'Infini, et jusqu'au jour de ton triomphe définitif, je douterai de la réussite de tes projets, semblables à la Tour de Babel. Médite donc un peu le « Γνωτι σέαυτον » de Socrate, en quête de théories nouvelles tu n'as pu, sur cet important sujet, découvrir rien de mieux que les doctrines d'Epicure et le scepticisme d'un Pyrrhon, tant il est vrai qu'il n'y a rien de nouveau sous le soleil. Tu as eu beau nous affirmer que la pensée humaine a son siège dans le cerveau, assigner arbitrairement à telle faculté telle place qu'il t'a plu de lui fixer, ta théorie, nouvelle de deux ou trois mille ans, a le seul avantage de faire rire les enfants.

Voulant renouveler les conceptions du génie humain, tes œuvres poétiques et romancières sentent l'ordure et le fumier.

En philosophie le Sensualisme, en littérature le Naturalisme, voilà ton œuvre.

Jusqu'à ce jour, les découvertes n'ont guère servi qu'à exciter les convoitises, à enrichir les exploiteurs et à tromper les peuples. Pour nous, nous pensons que nous serions tout aussi bien dans ces siècles de ténèbres que le flambeau électrique n'éclairait pas encore, et nous nous inclinons avec plus de respect devant ces populations paisibles, devant ces commerçants confiants, devant ces nobles chevaliers, qu'en face de la populace fiévreuse, des agioteurs cupides, en face de la lâche et indolente bourgeoisie du XIXe siècle.

Le citoyen du XIXe siècle peut répéter comme le « Faust » de Gœthe ; « Je ne crains ni enfer, ni diable ; c'est pourquoi je me suis adonné à la magie. » Jamais l'homme n'a été si peu croyant, jamais la foi en la divinité n'a été si peu vivace, jamais, en revanche, l'on a été si crédule. Il est un fait remarquable, c'est que, lorsque la religion est abandonnée par un peuple, la porte est ouverte toute grande aux superstitions. L'homme du peuple tourne en ridicule les mystères que ses yeux ne voient pas, la femme se refuse à croire, — tant de ce siècle de jouissances l'on récuse tout surnaturel, — à la virginité de la Vierge des vierges ; les somnambules, les tireuses de cartes, triste compensation, peuvent se rire des nombreux badauds que leurs sortilèges assemblent autour d'elles ! ! L'on a vu dans ce « *siècle de lumières* » les représentants du pouvoir, les ministres de ce peuple français qui se vante de renfermer tant d'esprits forts, confier à une magicienne les caveaux de St Denis, pour que sa baguette indiquât le lieu précis où se trouvaient les immenses trésors qui devaient rétablir un budget mal équilibré ; l'on a vu le gouvernement accorder des subsides pour que, suivant les indications de cette hallucinée, des ouvriers fissent les fouilles nécessaires à la découverte du trésor. Cela semble si invraisemblable qu'aucun historien n'osera peut-être l'enregistrer, et que l'on rirait au nez de l'auteur comique assez imprudent pour mettre en scène une pareille folie ! ! Voilà cependant à quelles stupidités pousse la soif de l'or.

Voilà quels sont les hommes du XIXe siècle. voilà les fruits de la Civilisation, les fruits du Progrès.

Mais, dira-t-on, sans doute, comment pouvez-vous parler ainsi, vous qui, tout à l'heure, vous faisiez l'apôtre de la théorie du progrès ! Quelle contradiction affichez-vous donc ?

Apôtre du Progrès, oui, certes nous le sommes, mais de quel progrès, c'est ce que nous allons montrer.

CHAPITRE III

LE CHRISTIANISME, SOURCE DU VRAI PROGRÈS

En l'an 4000 du Monde, Rome, tenait sous sa domination l'Univers entier, l'âge d'or semblait renaître. Auguste, dans un jour de profonde rêverie, interroge la sibylle en ces termes : « Quand donc, demande-t-il, la paix sera-t-elle troublée ? »

Et la sibylle de lui répondre : « Quand une vierge enfantera sans cesser d'être vierge. »

Auguste, sans comprendre le sens de ces paroles, descendit au sénat et prononça ces mots : « Semper pax ». « La paix règnera toujours sur la terre. »

Auguste, Auguste, ton génie t'a fait défaut. Ne vois-tu là-bas dans un coin de ton vaste

Empire ; un enfant vient de naître, une Vierge est sa mère... Tu recules étonné en face de ce mystère... Eh bien, vois donc : le fils du Charpentier a vaincu les enfants de la Louve ; un Empereur romain, assis sur ton trône, souillé par le sang et la débauche, écrira sur les étendards de la Ville Eternelle cette devise célèbre : « In hoc signo vinces, » et, depuis ce jour, de pays en pays, de villes en villes, de bourgades en bourgades, une vérité nouvelle sera enseignée et tous s'inclineront devant le Dieu nouveau. Le vice ne triomphera plus sur la terre ; des hommes abandonneront l'or et la volupté pour se consacrer à leurs semblables, la Justice, fera place à la Charité, cette vertu ignorée du vieux monde. Un roi barbare prendra à son tour pour devise la parole du Labarum, et le royaume de France sera fondé.

Depuis lors, le Christianisme a brisé les fers des esclaves. Tenant en main la bannière du progrès, sur laquelle on lit en lettres de feu ces mots résumant toute sa doctrine : Liberté, Egalité, Fraternité, il poursuit sa marche lentement, mais sûrement.

Un jour, des hommes trouvant son pas trop lent, des hommes, que ses doctrines austères, que ses enseignements sages et prudents troublaient dans leur vie molle et débauchée, saisirent son étendard, en brisèrent la Croix, le traînèrent dans la boue....... et, quand il se releva, il était rouge de sang humain !

Ils ont prétendu, ces hommes, arracher au Christianisme ses doctrines les plus pures et se les aproprier. De toutes parts, de tous côtés, sur tous les monuments, sur tous les étendards, on lit ces paroles apportées par l'Homme-Dieu du ciel, sur la terre : Liberté, Egalité, Fraternité; et ils ont dit : l'on vous a donné la liberté, nous, nous vous procurerons la licence; l'on vous a prêché l'égalité devant Dieu, nous vous apportons l'égalité devant la loi ; à la fraternité chrétienne, qui n'est qu'une fiction, nous substituons la grande fraternité civile, et toutes les nations, réunies dans une même pensée de paix et de concorde, établiront la République Universelle.

Mais, bientôt, les hommes sensés se sont aperçus que l'Egalité n'était pour ces beaux discoureurs qu'un marchepied, afin de monter sur un trône de cadavres : quant à la Fraternité, ils l'observaient en coupant les têtes;

et la Liberté donc ? — Qu'en ont-ils fait de la Liberté ? nous allons le dire :

Qui n'a pas lu ces pages sublimes et navrantes, où, avant de renier son Dieu, un grand apostat avait renié son Roi ? Et bien, ce tableau si violent n'est que l'expression de la pure vérité. Changeons les sujets de ce dithyrambe ; non, ô La Monnais, ce ne sont pas les rois qui sont les tristes héros du tableau que tu traces, mais bien les chefs d'une secte infâme :

Oui, « dans une salle tendue de noir et éclairée d'une lampe rougeâtre, sept hommes vêtus d'une pourpre » usurpées, sont « assis sur sept sièges de fer.

Et au milieu de la salle » s'élève « un trône composé d'ossements, et, au pied du trône, en guise d'escabeau », est « un crucifix renversé ; et, devant le trône, une table d'ébène, et, sur la table, un vase plein de sang rouge et écumeux, et un crâne humain.

Et les sept hommes... paraissent tristes et pensifs...

Et l'un deux s'étant levé, » s'approche « du trône en chancelant, et » met « le pied sur le crucifix.

En ce moment ses membres « tremblent, et il semble « près de défaillir. Les autres le regardent « immobiles ; ils ne font pas le moindre mouvement; mais je ne sais quoi » passe « sur leur front, et un sourire qui n'est pas de l'homme » contracte « leurs lèvres.

Et celui qui semblait près de défaillir étend la main, saisit le vase plein de sang, en verse dans le crâne et le boit.

Et cette boisson paraît le fortifier.

Et, dressant la tête, ce cri sort de sa poitrine comme un sourd râlement ;

Maudit soit le Christ qui a ramené sur la terre la Liberté !

Et les six autres hommes... se lèvent ensemble, et tous ensemble poussent le même cri :

Maudit soit le Christ qui a ramené sur la terre la Liberté !.......

C'est de cette sombre taverne, de cette salle tendue de noir, que sont partis tous les Louvels, de là que partent chaque jour tous les charlatans politiques, tous les trompeurs du peuple ! Ce sang, c'est le sang des victimes de la Révolution. Ce crâne, c'est le crâne du plus innocent, du plus noble martyr de cette boucherie, c'est le crâne d'un Roi !

Ce trône d'ossements, c'est celui sur lequel s'asseient tous les tyrans du siècle.

Cet homme qui le premier se lève, qui le premier s'avance tremblant pour commettre l'infâme sacrilège, c'est tour à tour : Robespierre, les Napoléon et bien d'autres ; ces hommes qui, tous, l'imitent, ce sont les complices de leurs infamies...

Et c'est pour un tel spectacle que l'on a bouleversé le monde.

Qu'ont-ils donné en compensation de la foi qu'ils nous ont arrachée ?

Ils ont prétendu briser les liens de l'esclavage. Le lendemain de cet affranchissement général, de vastes gouffres s'entrouvraient, au nom de la science nouvelle, pour recevoir des monceaux de malheureux destinés à abréger leur courte vie près d'un foyer intense, et se trouvant trop heureux lorsqu'ils ne sont pas rejetés comme une inutile marchandise. Et, dérision du sort ! c'est toi, ouvrier, qui est devenu l'appui, le soutien de tes tyrans !...

Pendant ce temps, l'Eglise continue sa marche progressive, malgré toutes les révolutions.

Un instant l'on a cru son règne anéanti, un

instant l'on a cru que c'en était fait d'elle ; elle s'est relevée plus forte que jamais, arborant toujours son drapeau.

C'était en 1831 : Deux jeunes gens comparaissaient devant la Chambre des pairs — tribunal suprême. — « Votre profession, » leur demande-t-on.

— « Maîtres d'école... »

Les juges reculèrent épouvantés. Pensez donc ! se dire maîtres d'école en plein dix-neuvième siècle ! ! Et le progrès donc, qu'en faites-vous ?.....

Néanmoins, le lendemain, le Christianisme avait doté la France d'une liberté de plus : la liberté d'enseignement. Et, depuis ce jour, sans s'inquiéter des rivalités qui peuvent surgir, il continue sa marche ascendante. Tandis que la souveraineté est méprisée, tandis que des minorités insolentes oppressent les peuples, il soutient que tout pouvoir vient de Dieu et proclame son chef infaillible.

Désormais, les peuples peuvent le rejeter, son chef peut être persécuté, emprisonné, peu importe, il faudra bien que les nations le suivent, et elles le suivront ou elles périront.

L'Eglise ne demande qu'une chose : la Liberté! elle réclame pour elle un peu de cette Liberté qu'elle a apportée au monde. Qui donc la lui refusera ?

Ce n'est pas toi, n'est-ce pas, France, notre bien-aimée Patrie, toi que l'on abaisse, que l'on prostitue chaque jour... Non, tu chasseras tous les parjures, tous les sectaires qui sucent ton sang, tous ces pygmées qui tentent en vain de s'approprier ta gloire pour s'en faire un piédestal; comme jadis, tu redeviendras la Fille aînée de l'Eglise, non pas en faisant revivre les doctrines immobiles du Moyen-Age, non pas en ressuscitant ce qui est pour toujours descendu dans la tombe, mais bien en suivant la voie tracée par l'Eglise elle-même, en faisant régner la justice et la liberté telles que l'enseigne la religion du Christ, en rejetant la Révolution et ses doctrines

Mais puisque nous parlons de Révolution, qu'est-ce donc que la Révolution ?

Il faut distinguer deux sens dans le mot: *Révolution*. Ce que l'on nomme la « Révolution française, » n'est point, en réalité, condamnable. Qu'est-ce, au fond, que ce grand mouvement qui se manifesta à l'Assemblée de 1789 ? Qu'est-ce, sinon l'expression de la juste revendication des droits de chaque citoyen?

Mais, où commence vraiment la révolte, où commence la Révolution dans le sens où nous la réprouvons, c'est lorsque, au mépris de toute loi humaine et divine, les prétendus représentants de la Nation, qui ne sont finalement que de vulgaires ambitieux, refusent de reconnaître toute autorité.

Pour trouver des antécédents à cette révolte qui fut à son apogée en 1793 et 1794, il faudrait gravir les hauteurs des cieux et y rencontrer cet ange, le plus grand, le plus beau des anges, Lucifer, qui le premier, poussa le cri de tout temps répété par tous les révolutionnaires : « *Non serviam.* »

Tous les révolutionnaires ont prononcé cette parole de révolte et de félonie : « *Non serviam,* » a répondu Luther à la voix du pontife romain, « *Non serviam,* » ont répondu les membres de l'Assemblée, scellant leur révolte par un serment fameux, « *Non serviam* », s'écriait, il y a quelques années, un moine apostat, étonné de voir le désert se faire autour de lui, au lieu des foules qu'il avait rêvées.

Est-ce à dire que de ces révoltes le Seigneur n'ait pas souvent fait sortir un bien pour l'humanité?

Est-ce à dire que nous pensions à revenir vers le passé?

Est-ce à dire que, parce que nous condamnons le serment du jeu de paume, nous voulions rayer de notre histoire les jours mémorables où le peuple a revendiqué ses droits?

N'y a-t-il pas, d'ailleurs, plusieurs sortes de révolte? la révolte contre un gouvernement peut-elle être assimilée à la révolte contre Dieu? Bien souvent, les révoltes populaires ont pour elles la raison et le droit... Il est si difficile de reconnaître où se trouvent, dans les choses humaines, le bon droit et la justice.

La Révolution, dans le sens que nous l'entendons, est plutôt un état d'esprit qu'un fait isolé. Vous, pères de familles, qui lisez ces lignes, est-ce que, tous les premiers, vous ne sentez pas qu'au foyer domestique chaque membre de la famille s'isole de plus en plus? Est-ce que vous ne sentez pas se relâcher entre vos mains ces liens qui font le bonheur de la famille? Au lieu des rapports si doux de déférence, de respect, d'amour, est-ce que vous ne sentez pas maintenant comme un frémissement sourd, qui n'a d'autre cause que l'impatience de secouer le joug paternel un peu plus tôt.

La Révolution, c'est donc ce mouvement qui, sous les faux aspects du libéralisme, brise toute autorité légitime, toute souveraineté.

La Révolution, ce sont ces doctrines, issues du Protestantisme, qui, sous le prétexte d'affranchir l'Etat des entraves de l'Eglise, a confondu la tolérance avec l'athéisme.

Et c'est en ce sens que nous la condamnons; c'est comme œuvre démoralisatrice que nous la réprouvons.

C'est l'opposition constante au Christianisme.

C'est un retour à l'antique barbarie. Tandisque le Christianisme, c'est le Progrès.

La Révolution, c'est l'oppression du faible par le fort; le Christianisme c'est la Liberté.

La Révolution, c'est le repaire de tous les vices: la femme, comme jadis, outragée dans sa beauté, flétrie dans sa mission, pupille de l'impudeur ou servante de la débauche. Le Christianisme, c'est le règne de la vertu: la vierge image de l'ange, fleur du ciel, dont les parfums embaument les mystères de la vie; c'est l'épouse devenue mère et reine du foyer domestique.

La Révolution, c'est la famille violée par

l'inceste, diffamée par l'adultère, semant les fruits de son impure fécondité ou se faisant gloire de son immorale stérilité. Le Christianisme, c'est la famille bénie par Dieu, prospérant sous ses yeux pour transmettre aux descendants les vertus des ascendants, c'est la famille fécondée par l'amour conjugal, fortifiée par l'amour paternel, couronnée par l'amour filial.

La Révolution, c'est la négation de tous les droits de l'homme, c'est la victoire de la force, selon l'adage moderne : « la fin justifie les moyens. » Le Christianisme, c'est la paix féconde des enfants d'une même famille, multipliant l'échange des fraternelles communications de peuple à peuple.

Le Christianisme, c'est la source où vont puiser tous les grands penseurs, où tous les artistes viennent, chacun à son tour, chercher l'inspiration qui doit enfanter des chefs d'œuvre. La Révolution, elle, n'a su faire que des fous ou créer de révoltantes médiocrités.

Le Christianisme, c'est l'aspiration des masses vers la source immuable du progrès, aspiration que la Révolution voudrait égarer dans son essor, mais qui est toujours victorieuse du temps, parce qu'elle a pour levier la solidarité humaine que les aveugles nient sans cesser de la subir, et que les esprits rétrogrades n'arrêtent qu'en périssant.

CHAPITRE IV

L'ŒUVRE DÉMORALISATRICE DE LA RÉVOLUTION

Le besoin impérieux de la société moderne de secouer tout joug, toute autorité, a rendu haineux les membres de cette société contre tout ce qui représente l'autorité, la supériorité. Et comme, en définitive, les hommes vivent dans une complète dépendance les uns des autres, ils en sont venus à se haïr mutuellement, à n'avoir nulle confiance entre eux, à se regarder comme des frères, si l'on veut, mais *des frères ennemis*.

Cette haine, cela est naturel, éclate dans la classe populaire, car, aujourd'hui, la classe populaire est la seule qui ne jouisse pas d'une certaine indépendance, la seule qui n'ait qu'à obéir et point à commander.

Aussi, tous les ambitieux dont, dans tous

les temps et dans tous les lieux, le rôle a été de flatter les passions des basses classes, pourque celles-ci, les prenant en affection et croyant voir en eux d'ardents défenseurs, leur donnent tous les honneurs dont elles peuvent disposer, tous, disons-nous, s'évertuent à accroître dans l'esprit du peuple cette hostilité contre l'autorité et à faire miroiter à ses yeux l'appât d'une prochaine vengeance.

Pareils à ces charlatans qui, dans les foires et sur les boulevards des grandes villes, à grands renforts de trompettes et de tambours, vantent le remède magique qui doit donner à tous vie et santé, tels, les charlatans de la politique, sur des tréteaux de théâtre, ou sur une table de cabaret, font à leurs auditeurs, accourus en foule, un tableau plus ou moins noir de leur misère et de leurs douleurs, comme si cette misère comme si ces douleurs n'étaient point assez connues de ceux qui souffrent. Puis tous invariablement se disent tenir entre leurs mains ce qui, en allégeant les maux des malheureuses populations, doit leur fournir des armes pour sortir de la servitude dans laquelle des maîtres indignes les tiennent enchaînés.

Mais, aussitôt parvenus au pouvoir que leur ambition leur faisait convoiter, ils s'empressent d'oublier toutes ces illusoires promesses, et le spécifique attendu se résume en des exploitations nouvelles qui n'apportent guère au peuple l'allègement si désiré de ses souffrances.

Le peuple toujours naïf se laisse toujours prendre à ces appâts trompeurs, comme il s'y est toujours laissé prendre. Il a toujours cru, il croira toujours ceux qui l'encenseront, et les charlatans de la politique vivront toujours aux dépens de leurs passagers adorateurs, de même que les arracheurs de dents vivent aux dépens de leurs auditeurs.

Semblable à ces gens qui, après avoir reconnu l'inefficacité du remède de l'homme de la foire, s'empressent plus avides encore d'entendre le boniment de celui qui lui succède, plus avides d'acheter sa poudre miraculeuse, l'homme ignorant, après avoir maudit celui qui a trompé sa confiance, n'aura rien de plus pressé que de se faire le docile serviteur du premier venu qui, sur les mêmes tréteaux, viendra lui débiter les mêmes sornettes; comme à son prédécesseur, il lui donnera son or, sa foi, tout ce dont il disposera, et dans un pays où le peuple disposera du pouvoir suprême, ce pouvoir subira tous les changements que dicteront à ce peuple inconscient ses caprices et ses passions.

Il est une classe d'hommes que les ambitieux ont toujours particulièrement détestés, contre lesquels ils ont vomi toute leur bave rageuse; de même que le marchand d'essence capillaire ou d'élixir d'éternelle vie redoute l'action bienfaisante du médecin et n'a pas assez d'injures et d'invectives pour abreuver l'homme de l'art, de même l'ambitieux réserve-t-il toutes ses colères pour le médecin des âmes des peuples, dont le devoir est de mettre en garde le troupeau, dont il a la charge, contre la morale malsaine par laquelle on flatte ses plus basses inclinations. Le Prêtre, voilà l'homme responsable, disent-ils, de tous les malheurs, coupable de toutes les félonies.

O Prêtre du Christ! toi dont la mission divine est de donner aux hommes la liberté et la fraternité, prêtre du Christ: salut! car dans les plis de ta soutane glorieuse ou de ton austère robe de bure, tu portes la paix, la mansuétude et l'amour!

Le Prêtre, voilà le représentant de l'autorité suprême, le Prêtre, par conséquent, voilà l'homme contre lequel la Révolution se déchaîne implacable et furieuse.

Et dans leur œuvre fratricide, lâche, infernale, ses bourreaux le persécutent d'autant plus violemment qu'ils sont assurés de l'impunité. Frappez! frappez! la victime ne connaît point l'heure des représailles...

Et, lorsqu'un peuple irrité vient demander compte, à ceux qu'il a élevés, de son or jeté au vent, de sa confiance trahie, ceux-là vont chercher quelques prêtres isolés dans un couvent, priant dans une cellule; ils arrachent du chevet du mourant le serviteur de Dieu, ils ravissent aux côtés du pauvre ce sacrificateur divin, et cet homme, dont les nuits se passent en prières et les jours en œuvres pies, cet homme, dont toute l'ambition se résume dans la conquête de quelques âmes, on ne craint pas de le jeter en pâture à une foule furieuse:

Voilà vos bourreaux, lui crie-t-on, voilà, la cause de tous vos maux. Haro! Haro!

Puis, la comédie recommence, et tant qu'il restera encore des prêtres à l'autel, des moines au couvent, tant que, près du lit des malades, la vierge prodiguera ses soins, tant que la fille de St-Vincent-de-Paul donnera sa sollicitude à des vieillards et à des enfants abandonnés, il n'y aura rien à craindre de la populace déchaînée, car le peuple trouvera toujours des victimes pour passer sa colère.

A force de le leur répéter, les classes inférieures ont cru que le prêtre était leur véritable dominateur, leur bourreau, que le couvent était le refuge de tous les crimes, un lieu infâme, où tous les vices se faisaient jour, où se pratiquaient les plus affreuses saturnales. Comme en dix-huit siècles, il s'est naturellement trouvé des heures où, au milieu des saintes âmes, quelques brebis gâleuses s'étaient glissées, l'on a pris ces particularités, on les a généralisées. L'on a représenté le Catholicisme comme une école de démoralisation, ses pasteurs comme des hommes esclaves de toutes les passions, voire capables de tous les forfaits.

L'on a inventé des récits aussi invraisemblables que des contes de fée; c'était ici une jeune fille plus belle que l'antique Vénus que des moines infâmes avaient ravie à ses parents et retenaient captive dans une prison.

Ailleurs une abbaye de religieuses était transformée en une véritable maison de prostitution. Et, partant de ces faits déjà matériellement faux, l'on en a conclu que les moines pratiquaient le rapt sur une vaste échelle, que les vierges de Dieu arrachaient la femme à ses devoirs de mère et d'épouse pour la livrer à des séducteurs d'une rage bestiale et en faire l'instrument servile des sens déréglés de ceux qui, sous le couvert de missions délicates, pénètrent dans le cloitre fermé au public, et s'adonnent à toutes les orgies, tandis que les crédules du dehors les croient prosternés dans une mystique adoration. Il est même arrivé que, pour mettre fin à d'aussi criantes calomnies, les représentants du pouvoir ont ouvert toutes grandes les portes des cloitres, afin que l'on se persuadât qu'il n'existait ni oubliettes dans leur sein, ni sérail. Mais, en face de l'évidence, le parti-pris et la mauvaise foi ne se rendent pas. Les ascendants continuèrent à conter aux descendants ces petits romans, ornés de toutes les images que leur fournissait leur imagination, accumulant, pour appuyer leur dire, stupidités sur stupipidités, mensonges sur mensonges, calomnies sur calomnies.

Le paysan et l'ouvrier, dont les passions toujours inassouvies aiment les fantastiques inventions, crurent tout ce qu'on leur raconta sur ce sujet.

Une instruction, puisée aux mêmes sources, erronée et incomplète, ne fit que les confirmer dans leur opinion. A quoi peut servir, d'ailleurs, l'instruction, quand une implacable censure en limite les développements, quand les enseignements ne sont plus qu'un tissu de mensonges, sinon à fausser le jugement et à induire l'homme en erreur, au lieu de lui inculquer la vérité? C'est ainsi qu'on raye de l'histoire tout ce qui gêne les éducateurs modernes. L'on fait, par exemple, commencer la France à l'époque sacro-sainte de 1789, tant il est vrai que l'exaltation compromet les meilleures causes. L'on a soin de taire les noms des célébrités anciennes, mais toutes les médiocrités modernes sont soigneusement passées en revue, et si, dans les conceptions de ces dernières, il se trouve quelque part quelque chose qui ne soit pas du goût des sectaires, si le nom de Dieu est prononcé, si le Christianisme est présenté sous un jour favorable ou seulement impartial, à l'encontre de cette casuistique outrée qui biffait tout ce qui pouvait effrayer des yeux ou des oreilles innocents, l'on raye avec désinvolture le passage incriminé ou l'on bannit l'auteur suspect.

Entassant une montagne d'insatiables appétits, les romanciers terminent cette éducation, dont les matériaux, triés dans l'ombre, ont été donnés dans la nuit. Jadis, l'on représentait l'homme tel qu'il devait être l'homme idéal ; puis l'on prétendit que l'humanité, suivant le précepte du philosophe ancien, devait se connaître elle-même, et l'on représenta l'homme tel qu'il est : l'homme réel. Aujourd'hui l'on est allé plus loin encore ; les représentations réalistes ne suffisent plus. L'on ne représente plus l'homme tel qu'il devrait être, ni l'homme réel, mais on se targue de le montrer pire qu'il n'est. L'on généralise ici encore les exemples particuliers. Fouillant dans les repaires de vices, le romancier contemporain conçoit une société assaisonnée de tous les crimes les plus honteux et encense ses idoles, qui ne sont que d'impudiques prostituées, de honteux adultères, ou d'audacieux criminels.

L'on prétendra, sans doute, que nous sommes partisans de ces longs siècles d'OBSCURANTISME, sans lesquels, cependant, malgré le mépris que l'on affecte pour eux, l'homme ne trouverait rien à apprendre, mais, au risque d'encourir ce blâme, nous croyons que la plus noire ignorance serait encore préférable à une aussi fatale instruction.

L'instruction, certes, ne nous fait pas peur. L'Eglise catholique l'a toujours abondamment donnée. Il est vrai que l'on nous montrera, pour réfuter cette dernière assertion, les restes d'une génération dont quelques membres ne savent ni lire ni écrire; mais à moins que l'on ne trouve, à l'appui de l'opinion contraire, des vieillards deux ou trois fois centenaires, l'on nous accordera bien que la plupart de ceux, dont la naissance remonte aux premiers ans du siècle, ont reçu ou dû recevoir l'instruction dans la période qui s'étend de 1791 à 1810; cette période ne comprend-elle pas toutes les diverses variétés de gouvernements qu'idéalisent les révolutionnaires de toutes les écoles : jacobins, terroristes, césariens !

Nous ne voulons pas nous appesantir longtemps sur ce qu'était l'instruction sous l'ancien régime, alors qu'elle était entre les mains de l'Eglise; nous nous bornerons à signaler deux faits :

D'abord, c'est pendant cette époque que s'est formée la langue française, travail lent et difficile, l'on en conviendra.

En second lieu, si l'on écrivait moins de romans que maintenant, les plus grands penseurs, comme les plus nobles écrivains, ne datent pas de 1789; pour ne citer que les plus illustres : Descartes, Malebranche, Corneille, Racine, Molière, Bossuet, Bourdaloue, Fénelon, Saint-Simon (l'historien), madame de Sévigné Montesquieu, Voltaire, Rousseau, sont tous des gens de l'ancien régime.

Quant à l'instruction primaire, l'histoire nous apprend qu'elle n'était pas dédaignée, son organisation n'en remonte ni à tel homme ni à tel régime de la France contemporaine, mais à ces pieux serviteurs de Jésus, qui, les premiers, savants dans leur humilité, ouvrirent des écoles gratuites dans tous les villages.

Aujourd'hui encore, l'instruction officielle, l'Université, soutenue par les deniers publics, soutenue, d'ailleurs, par un grand nombre d'esprits indépendants du clergé, ne lutte que difficilement contre sa rivale : l'instruction libre catholique. Malgré les obstacles qui se dressent, malgré les embûches des gouvernements, malgré le mauvais vouloir des particuliers, malgré l'insuffisance de secours qu'elle rencontre chez les catholiques, que les tendances de l'Université, emprointes d'un certain chistianisme, retiennent dans ses filets, l'Église voit grandir et prospérer partout ses collègues et ses écoles, et, cependant, il n'est pas d'atteintes que l'on ne porte sur ce point à sa liberté, pas de persécutions qu'on ne lui fasse subir, pas de mesquineries dont on ne l'abreuve à satiété. Et parmi les membres de l'Université officielle, combien l'Église compte-t-elle de fidèles pratiquants et sincères ? Ne sont-ils pas nombreux, ceux qui, forcés de chercher dans les collèges de l'État un moyen de vivre, ne cessent pas pour cela de se dire hautement disciples de la philosophie spiritualiste catholique et fidèles soumis de l'orthodoxie romaine. Certes ! ils ne sont pas assez nombreux, car plus nombreux ils seront, plus ils empêcheront les tendances néfastes du matérialisme de propager parmi les jeunes auditeurs de leurs cours qui, dans leur enthousiasme juvénil, acceptent sans discernement et sans discussion toutes les opinions qu'enseignent et que défendent leurs maîtres.

N'est-ce point là aussi un exemple de la crédulité populaire qui s'est convaincue que l'Eglise était ennemie de toute instruction.

Pour notre compte personnel, oh ! il faut bien le répéter, nous préférerions cet obscurantisme intellectuel des temps les plus barbares à l'instruction viciée et vicieuse que l'on sort en certaines écoles. Est-ce à dire que nous soyons opposé à l'instruction du peuple? Si, pour donner à boire à un malade qui a soif, on lui présentait un breuvage empoisonné, que conseillerait le médecin, sinon de repousser la coupe fatale? Mais de même que le médecin en pareil cas, nous ne nous contentons point de jeter au loin le poison, car notre malade pourrait mourir de soif ; l'ignorance et l'erreur sont aussi dangereuses l'une que l'autre, car l'une engendre l'autre. Nous sommes donc partisans que l'on verse à pleins bords la liqueur rafraichissante et bienfaisante, nous voulons que l'on répande partout et à profusion l'instruction salutaire et impartiale.

Telle n'est pas l'opinion des partisans de la Révolution.

La Révolution voudrait tout saper sous elle. Elle voudrait faire une société qui lui appartienne, une société imbue de ses doctrines néfastes.

Les adeptes de Luther, sous prétexte de réformer les abus qui s'étaient répandus dans le clergé, se levèrent et rompirent avec toute autorité. Les Luthériens et leurs frères les Calvinistes eurent un instant l'illusion d'entraîner à leur suite tout ce que le monde chrétien comptait d'hommes éminents. Ils ne parvinrent qu'à se faire les esclaves des passions politiques.

Ils ne purent briser cette belle unité de l'Eglise Catholique qui fait sa force et sa dignité.

Le Catholicisme rejeta, comme il avait fait pour tant d'hérétiques, leurs prédécesseurs, les nouveaux mécréants de son sein. La secte se morcella en un nombre indéfini de groupes qui se laissent réunir sous le nom peu flatteur de « Protestants » Après avoir, en effet, protesté judicieusement contre les abus, après avoir demandé la réforme du clergé, ils protestèrent contre l'autorité papale qui condamnait leur orgueil, ils protestèrent contre l'autorité des Conciles, protestèrent contre la tradition, puis contre les Pères, puis contre les Evangélistes, et, enfin, ils en arrivèrent à protester contre les paroles de Jésus-Christ et à demander non une réforme du clergé, mais une réforme de la doctrine chrétienne.

Tels, les adeptes de la Révolution, ont eu la sotte ambition de faire une France qui date d'eux, de renier tout un passé glorieux, de tronquer l'histoire, comme luthériens et calvinistes ont tronqué l'Evangile. Et, cependant, depuis cette époque mémorable que les révolutionnaires considèrent comme l'heure de l'affranchissement du genre humain, depuis le commencement de ce mouvement libéral qu'ils revendiquent comme leur œuvre, la Patrie Française a perdu plusieurs de ses plus belles provinces, et la seule conquête, qui a pu contrebalancer ses défaites, a été faite sous un régime que réprouve la Révolution.

La Révolution, malgré cela, a semblé triompher. Les ignorants et les faibles d'esprit composeront toujours les masses; les doctrines les plus monstrueuses, par conséquent, et les plus mensongères rencontreront toujours des partisans dans les foules.

Il est des hommes qui sentent le besoin d'étouffer en eux la notion même de la Divinité, des hommes pour qui la vie renferme toutes les aspirations de leur cœur vil et bas. Leur conscience criminelle leur reproche sans cesse leurs vices et leurs fautes, ils ont besoin d'étouffer cette sorcière qui vient les troubler au milieu de leur sommeil. Aussi, écartent-ils soigneusement de leur esprit toute idée d'un avenir vengeur.

La Religion Chrétienne, avec ses anathèmes, ne les laisse pas dormir en paix. Un Dieu a condamné la luxure et la cupidité. Une loi supérieure défend à l'homme de prendre à son semblable ses biens, sa femme, ni rien de ce qui lui appartient. La Religion, dira-t-on, n'est qu'une fantasmagorie, la conception de l'Homme-Dieu n'a existé que dans des cerveaux mal équilibrés. Dieu lui-même n'existe pas je ne le vois nulle part; l'on me parle de ses œuvres, mais ce que jusqu'à ce jour l'on a dit être l'œuvre de Dieu n'est que l'œuvre de la Nature; l'on s'est trompé de facteur.

Qu'est-ce que la nature ?....... Question difficile à résoudre, car si l'on admet une intelligence supérieure, si l'on est contraint de reconnaître un facteur, un moteur quelconque, peu importe qu'il s'appelle Nature ou Dieu. Il est vrai que, d'après les hommes de la science moderne, ce que l'on nomme : Nature, n'est, au fond, qu'une réunion de loi forgées à volonté, qu'un bizarre amalgame de faits généralisés contre toute règle de logique.

En face de la Religion, l'on a prétendu mettre la Science. — Que l'on entende bien : la Science. Opposer la Science à la Religion, quelle stupidité ! La Science n'est-elle pas l'amie de la Religion, et, de tous temps, la première n'a-t-elle pas suivi la seconde ?

Ces armes n'ont pas suffi. L'on a beau faire une histoire arrangée pour les circonstances, il se trouve toujours des esprits indépendants dans tous les partis pour élever la voix et condamner ces supercheries honteuses. Le peuple, qui n'a pas le loisir de tout lire, pourra donc bien ne pas feuilleter les volumineuses histoires, mais il y aura toujours des indiscrets pour lui en montrer certaines pages, et tout sera perdu. Il y a quelque chose de mieux à faire que de se lancer dans de fausses démonstrations, il y a quelque chose de mieux à faire que d'avancer des faits que le bon sens suffit à rétorquer. L'histoire faussée peut être d'un grand secours ; le sarcasme complètera l'œuvre commencée ; l'insulte et l'outrage feront plus que n'auraient pu faire les discussions où l'on se trouve convaincu de mauvaise foi, les querelles dans lesquelles l'on se sent vaincu d'avance.

Le jour est venu où, se croyant triomphants, les révolutionnaires ont pu compter, après bien des péripéties, le nombre des Croyants qu'ils étaient enfin parvenus à réduire à la minorité. Il est vrai que, parmis ces derniers, s'est trouvée l'élite de la Nation, que la vraie science, la philosophie et la tradition ont trouvé encore de ce côté des disciples qu'elles reconnaissent comme les seuls vrais. La masse seule, la masse ignorante a obéi aux rhéteurs du XIXe siècle. Tout ce qu'il y avait de lettré dans le monde s'est rangé du côté du spiritualisme chrétien et a salué la croix rédemptrice !

Senls les ambitieux ont continué leur œuvre et l'on a vu des hommes d'une vaste intelligence perdre le fruit de veilles et de travaux arides à défendre des sophismes. L'on a surfait, il est vrai, l'on a surfait, disons-nous, dans le but de déplacer le centre de la lumière et de l'intelligence, des hommes d'une science douteuse. C'est ainsi qu'un homme, dont le style obscur et pompeux ne révèle qu'un talent médiocre, dont « l'insulte sent le défroqué, » charriant le granit de ses lourdes pages, attestations des fatigues de son esprit, pétrifications d'un cerveau laborieux et malade qui, tentant en vain d'atteindre le sommet, retombent lourdement dans la plaine, un homme, qui a eu le triste courage, après avoir reçu son éducation dans une maison religieuse, grâce aux aumônes de ceux qu'il a outragés plus tard, de n'avoir pour ses anciens maîtres et bienfaiteurs qu'une haine satanique et une ingratitude infâme, c'est ainsi, disons-nous, que l'auteur de la « *Vie de Jésus* », a été classé parmi les premiers littérateurs de la France contemporaine. Que sont les autres, alors, si c'est là le phare, le porte-drapeau de la littérature ?

Notre Patrie, il faut le reconnaître, est vraiment bien à plaindre, si elle est tombée aussi bas. Par bonheur, cela est si radicalement faux que la littérature de M. Renan aurait beaucoup de peine à être trouvée suffisante dans la plus obscure faculté de province pour admettre le jeune rhétoricien qui s'en affublerait !

Enfin les révolutionnaires ont pensé être arrivés à leurs fins, ils ont arraché le pouvoir à ceux qui le détenaient.

Mais ils se sont aperçus que la minorité d'hommes sages qui refusaient de les suivre était encore à craindre.

Ils sont loin d'avoir atteint les résultats qu'ils se proposaient. Malgré les coups qn'ils ont frappés, les temples du Christ dominent toujours dans les villes et les campagnes.

Les inventions du Siècle-Lumière sont aussi utiles aux catholiques qu'aux libres-penseurs.

Malgré les impôts énormes dont on accable le pauvre peuple français qui paie jusqu'à l'air qu'il respire, l'on trouve encore de l'or pour dresser sur les collines des cités les plus entachées d'irréligion des monuments qui, par la richesse des matériaux, par l'élégance de l'architecture, surpassent en majesté ceux que l'Etat édifie, prenant de gré ou de force dans la poche des citoyens. Eternels hommages rendus au Très-Haut que d'autres renient! signe de l'adoration la plus pure, de la plus vive foi! ces monuments bravent, des hauteurs où le pauvre comme le riche ont contribué à les ériger, toutes les colères des populaces en délire et semblent protéger ceux que dominent leurs immenses proportions :

Ce qu'il y a de plus sublime peut-être que les formes données au marbre et au porphyre, ce sont ces foules accourues en masse moins conduites par la curiosité, moins émerveillées de splendeurs dont elles ne comprennent pas parfois le mérite, que guidées par un divin enthousiasme.

Dans vingt ans d'ici, personne ne songera plus à déposer même une couronne sur le socle de la statue de Gambetta, si elle est jamais érigée ; dans cent ans, comme aujourd'hui, les foules se porteront en masse aux sanctuaires de Montmartre et de Fourvière.

La première pensée des révolutionnaires au pouvoir a donc été de donner au Catholicisme, qui leur semblait chancelant, des coups formidables dont il ne puisse jamais se relever. Alors a commencé cette lutte sourde contre l'idée religieuse.

Le fondateur du régime qui s'est imposé cette triste tâche a, dans une parole devenue célèbre, résumé toute la ligne de conduite qu'il indiquait aux siens : « Le cléricalisme ! voilà l'ennemi » s'est-il écrié. Ce cri fameux a retenti de toutes parts. Depuis longtemps, les loges maçonniques le prononçaient en secret ; cette fois, c'est au grand jour qu'on a tenu à l'affirmer. Il n'était pas besoin, cependant, de cette profession de foi pour savoir que le Catholicisme était l'ennemi des révolutionnaires. Bonaparte avait eu l'heureuse inspiration de s'en faire un point d'appui, Gambetta et ses dignes successeurs lui ont déclaré la guerre , mal leur en a pris, car ils ont prouvé qu'ils n'étaient qu'une bande de charlatans en face de cette force irrésistible.

La Révolution a arraché du cœur du peuple les croyances chrétiennes, pour le démoraliser plus aisément ; bientôt la Révolution elle-même se trouvera dépassée par ceux qui ne croient plus à rien et sont las d'avoir des maîtres, de quels noms qu'ils se parent. C'est alors qu'en face de la misère effrayante, en face de la révolution violente qui menacera de tous les engloutir, les voltairiens chercheront des remèdes introuvables.

Nous avons vu comment la Révolution a démoralisé les masses, nous avons vu, en d'autres termes, quelles ont été les causes principales de la démoralisation sociale, nous allons considérer maintenant quelles ont été les conséquenses terribles de cette démoralisation. Nous examinerons ensuite quels sont les moyens divers d'y rémédier, et nous indiquerons celui qui nous paraît le plus propre de tous à faire rentrer le monde dans la voie du vrai progrès sous l'égide protecteur du Christianisme.

Montrons d'abord dans quel état de souffrance a été réduite la classe pauvre et l'iniquité dont la Révolution a fait preuve envers elle.

CHAPITRE V

LE PROLÉTARIAT

Le voyez-vous ce pauvre être sans abri, sans parents, sans amis. Il fait froid, il fait nuit, il neige ; le long des maisons de la grande ville, il cherche à dissimuler son pauvre corps que quelques haillons ne couvrent qu'insuffisamment.

Peut-être, sous sa misère, cache-t-il une noble origine.

Peut-être, aux destinées de la France longtemps ses ancêtres ont-ils présidé.

Et aujourd'hui, la Patrie n'a pour l'infortuné descendant de l'un de ses illustres serviteurs ni un morceau de pain, ni une couche de paille humide.

Peut-être sous son front ridé par le malheur se cache-t-il une noble pensée; la Providence, peut-être, l'a doué d'une vaste intelligence, mais elle lui a donné en même temps un cœur honnête, une conscience qui comprend le devoir et dans ce siècle d'infamie cela suffit pour qu'il n'ait pas vu la fortune lui sourire, car aux seuls exploiteurs sans âme et sans conscience la faveur populaire, aux seuls exploiteurs la considération, l'estime, tout afflue en abondance.

Il n'a donc pas trouvé sa place dans le monde, ce pauvre prolétaire.

Il songe où et commant il va passer la nuit, où et comment il va manger à l'aube du jour, car il n'a pas un centime en poche.

Tout-à-coup, ses yeux sont attirés par les jets éclatants que projettent les fenêtres d'un riche hôtel. Il y a fête et grande fête ce soir, chez un de ces riches parvenus insolents et méprisants, une fête, une fête de charité, sans doute, car pour que la ressemblance soit complète avec les hommes de la décadence romaine, les hommes de la décadence française ont inventé ces fêtes dites *de charité* où l'on danse, où l'on boit, où l'on s'enivre de toutes les jouissances charnelles, et sensuelles. sous le fallacieux prétexte de soulager les misères du pauvre, que l'on commence d'abord par insulter et par narguer par ces orgies et ces bacchanales.

Paris, la grande Prostituée, se livre pour procurer à ses enfants un morceau de pain. Le Pélican s'ouvrait les entrailles pour donner sa chair à ses petits; mais, au dix-neuvième siècle, l'on a trouvé mieux que cela, ce ne sera pas à la souffrance, à la privation que l'on demandera de quoi exercer la charité, mais ce sera bien aux plus révoltantes, aux plus infernales jouissances que l'on réclamera le tribut nécessaire, ce ne sera pas des entrailles de la Patrie que l'on tirera quelques pièces d'or, ce sera en faisant appel aux sentiments les plus bas, aux plus viles passions que l'on en forgera à plaisir.

Et quand, de la route glacée, le pauvre vagabond contemplera dans le grand salon parsemé de fleurs ces rieurs joyeux, quand il admirera ces femmes insouciantes à l'impudique tenue, ah! que de haine contre ces maîtres de sa destinée, que de haine, que de mépris pour ces débauchés qui paient de la sueur des siens leurs folles dépenses!

Puis une pensée lui vient à l'esprit... peut-être, dans cette assistance qui ne semble nullement se soucier de la bise qui souffle au dehors, peut-être dans ces couples qui, tout-à-l'heure, s'en vont aller savourer le plaisir d'un lit bien chaud et moelleux, peut-être quelque cœur compatissant aura-t-il pitié de lui et cette nuit encore il ne mourra pas...

Il sonne... un valet argneux et dédaigneux lui ouvre. Dans sa main tendue de malheureux, il a laissé tomber, en maugréant, une pièce d'argent... c'est le salut, pour ce soir du moins...

Mais, non loin de là, dans l'ombre, un homme se tenait, témoin de cette scène... il a vu, il a entendu... et, s'approchant de notre mendiant, le sbire le saisit au collet au nom de la loi.

Au nom de la loi il va le jeter dans la même prison où les assassins attendent l'heure du supplice, son crime est de n'avoir pas de gite.

Au nom de la loi, parce que, comme le Fils de Dieu, il ne sait où reposer sa tête,... dans les noirs cachots il va finir ses jours..... et, avec la prison, c'est le déshonneur.....

Ah! encore une fois, c'est donc là ce que l'on nomme le « Progrès ! » c'est là, sans doute, ce que l'on nomme les grandes découvertes du siècle de lumière. L'on a inventé les chemins de fer, les télégraphes, transformé la lumière. Quant au moyen de soulager les misères humaines, il n'en est pas question.

Que t'importe à toi, pauvre vagabond, que l'on mette tant d'heures pour aller de Marseille au Hâvre, que t'importe que les habitants de New-York sachent, même avant les habitants de Versailles, ce qui se passe à Paris, si tes souffrances n'ont que grandi...

Qui donc dans une telle situation ne comprendra pas ta révolte?

Oh! oui, révolte-toi, révolte-toi, toi né pour être libre, toi dont l'esclavage surpasse en atrocité celui des esclaves romains.

L'on t'a promis la Liberté, et c'est avec des fers que l'on te conduit, l'Egalité, et l'on t'abreuve d'injures grossières, sans qu'il te soit toléré de réponse...

Oh! oui, révolte-toi, homme du peuple, révolte-toi, frère, révolte-toi, car ces hommes que tu as élevés de tes/ propres mains, ces criminels qui t'ont fait commettre les plus noirs forfaits pour satisfaire leurs désirs ambitieux, ces hommes qui ont fait de toi leur complice inconscient, qui t'ont dit, enfant, que la famille n'était qu'un préjugé, et, homme fait, ont profité de ton ignorance qu'ils ont habilement exploitée, ils te recommandent, aujourd'hui, le silence; tes cris les empêchent, à leur tour, de dormir en paix; s'en inquiétaient-ils, lorsqu'ils t'excitaient contre leurs ennemis, c'est-à-dire contre tes frères et tes protecteurs?...

En lui communiquant leurs vices, leurs passions, en lui montrant la jouissance, toujours la jouissance comme but suprême... de la vie, comme FIN de l'homme, comme critérium de ses actions, peu à peu, à ce peuple si croyant, ceux qui vivent de sa démoralisation sont parvenus à lui enlever du cœur sa foi et tous ses principes moraux; on l'a convaincu non par des arguments, mais par des sarcasmes. A dix centimes, dans toutes les rues de la Capitale et des villes de province, l'on verse en coupes abondantes à l'enfant du prolétaire la littérature de Voltaire: que disons-nous: Voltaire? mais Voltaire serait un honnête homme comparé aux pamphlétaires contemporains. Quand voyant enfin qu'il a été dupé, il s'aperçoit qu'on ne l'a affranchi que pour l'asservir ensuite plus durement que jamais, le Peuple se lève... il se lève pour briser ses fers. Qui l'en empêcherait, qui le retiendrait dans sa frénésie?... Ni Dieu, ni Maître lui a-t-on dit, ni Dieu, ni Maître, répond-il, vous avez fait la révolution bourgeoise, nous voulons, nous, la Révolution du peuple, nous voulons la Révolution sociale, s'écrient les populaces.

Révolution sociale! tel est le cri de ralliement de ces pauvres égarés... Tous n'ont qu'un but : s'ériger à leur tour en maîtres, en jouisseurs, à leur tour ils veulent jouir de toutes les jouissances dont leurs anciens compagnons, aujourd'hui leurs maîtres, se repaissent à satiété.

Est-ce donc à ceux qui les ont poussés au bord de l'abîme à qui il appartient de leur faire un crime d'y être tombé. Vous avez pris la Bastille, ils veulent, eux, renverser toutes les bastilles contemporaines. En quoi les admirateurs de Camille Desmoulins pourraient-ils trouver leurs prétentions répréhensibles?...

Dans les premiers siècles qui suivirent la venue du Rédempteur du monde, dans ces temps où le vieux monde luttait contre le nouveau, où, d'une part, les derniers débris du Paganisme, d'autre part, les théories sensualistes des philosophies épicuriennes se liguaient pour combattre l'influence toujours croissante du « DIEU NOUVEAU », l'Eglise avait contre elle à la fois les masses attachées encore aux dieux de l'Olympe, et aussi ces athées d'alors qui, vaincus par les enseignements des disciples d'Epicure, menaient une vie molle et oisive que couronnait la plupart du temps un lâche suicide.

Ces derniers étaient même les pires ennemis des dogmes nouveaux, car, si c'était au nom des restes de la religion païenne qu'ils soulevaient les masses, si c'était en montrant au peuple les outrages dont on abreuvait ses dieux, les sarcasmes que les « *incrédules* » ne craignaient pas de lancer contre le Dieu de la Foudre ou la déesse de l'Amour, qu'ils excitaient la populace contre les Chrétiens, ce n'était là, en réalité, que des armes de combat entre les mains de ces athées qui redoutaient le déisme des Chrétiens, parce qu'ils redoutaient la vérité. Le Paganisme, cher encore, malgré ses absurdités, au vieux peuple romain attaché aux traditions, le Paganisme, disons-nous, rencontrait plus de sympathie que de foi parmi ses plus ardents adeptes; l'on ne consultait plus les augures, l'on ne fouillait plus les entrailles des victimes que pour se conformer aux anciennes coutumes. Du Paganisme, il ne restait que des superstitions plus ou moins grossières; depuis longtemps, ce n'était plus une religion. Le peuple, il est bon de le remarquer, est plus enclin à la superstition qu'à la religion, aussi, est-ce en flattant cet esprit superstitieux que Julien l'Apostat, après le triomphe du Christianisme en Occident, put encore soulever la fureur des populations contre les révolutionnaires qui se riaient de Bacchus, qui bafouaient Neptune et Mercure. (1)

Ce que redoutaient surtout les philosophes romains, ce que leur clairvoyance leur faisait entrevoir, ce contre quoi ils luttèrent énergiquement, même par des moyens que leur conscience et leur honnêteté repoussaient,

(1) Cette remarque est si vraie que pour s'attirer les populations, le Christianisme comprit qu'il fallait sacrifier quelque peu à l'esprit superstitieux, et laisser au peuple des rites enfantins et innocents par le moyen desquels l'on parvient à faire pénétrer dans son esprit quelques brins de vérité et de doctrine morale.

c'est la révolution (1) qui s'accomplissait alors dans le monde, car les heureux et les voluptueux redoutent toujours les révolutions.

Pour lutter contre ces révolutionnaires, il ne leur restait que la violence, car la persuasion ne pouvait hélas! plus être employée. Comment persuader aux autres, ce que l'on ne croit pas soi-même?

N'en est-il pas de même aujourd'hui?... Las d'être dupe tout en étant complice, las de payer et l'impôt du sang et l'impôt de l'argent à un pays qui le laisse mourir de faim, le Prolétaire s'est levé menaçant contre les idoles du jour, contre l'or et les plaisirs qu'une classe dite *dirigeante* étale isolemment sous ses yeux. Las d'être écrasé par ce parvenu, favorisé de

(1) Quand on parle de Révolution, il est certains esprits qui ne peuvent entendre ce mot sans lui attribuer une sinistre signification. Il faut distinguer deux sortes de révolutions : les révolutions lentes et pacifiques, comme celle qui s'accomplit à la venue du Christianisme et les révolutions violentes.

Quand, dans le cours de cette étude, comme nous l'avons déjà expliqué plus haut (Ch. III), nous parlons de la Révolution et des révolutionnaires, nous entendons les révolutions violentes (1693 et 1871) et leurs partisans qui ne savent agir que par le feu et par l'effusion du sang et dont l'influence immorale désagrège la société.

Bien différentes on le voit, sont les révolutions, ou pour parler plus juste : les transformations, qui s'accomplissent à l'aide du temps et sous la sauvegarde de la liberté individuelle. Il y a une grande différence à établir, l'une c'est la paix, l'autre c'est la guerre.

la fortune, exploiteur de son travail, le travailleur, la haine dans les yeux et sur les lèvres, s'est révolté contre le capitaliste..... L'exemple a trop montré qu'au besoin il savait frapper et même savait mourir pour soutenir ses revendications.

Il a cru tout ce qu'on lui débitait sous les faux attraits d'une instruction fausse et incomplète, et ce qu'il a de pire... il s'est cru savant. Des hommes passeront leur vie entière à fouiller le cœur humain, ils verront leurs cheveux blanchir sur des questions abstraites, et, bien souvent, dans leur noble désintéressement, ils mourront sans avoir pu faire faire un seul pas à la science à laquelle ils s'adonnaient... et l'ouvrier croira, en courant les cabarets ou les cercles, apprendre ce que personne ne saura jamais par soi-même : LA VÉRITÉ, pour laquelle, sans Dieu, l'homme se donne une inutile peine. O inconcevable fatuité !!!

Cependant, un beau jour, le peuple a poussé contre ses maîtres un immense cri de rebellion. Du golfe de Finlande à la mer Noire, de Paris à Saint-Pertersbourg, le cri a retenti implacable. Sous des dénominations diverses, tous ont pour fin de leurs efforts le renversement de ce que l'on nomme l'ORDRE SOCIAL, réclament une égale répartition des biens de la terre, et sont prêts à employer la force pour faire triompher leurs utopies.

Il est tout naturel que cette rebellion ne soit pas du goût des gouvernements, tout naturel que l'Empereur de Russie, menacé tous les jours de perdre et le trône et la vie, cherche à conserver l'un et l'autre, tout naturel que les souverains français partagent en cela l'opinion de l'empereur du nord.

Mais ce n'est pas tout de dire à des hommes : vos idées ne nous conviennent pas. Ce n'est pas tout de discuter à perte de vue sur les moyens efficaces d'enrayer la Propagande anarchique ; il faut agir, éteindre cette hérésie politique et sociale.

Quand le feu dévore un palais, vous aurez beau crier au feu, qu'il endommage vos collections, que vos meubles vont être réduits en cendres, votre demeure même ébranlée, le feu n'en continuera pas moins ses ravages. Il en est de même des idées... La Propagande anarchique menace de tout anéantir : famille sociétés, gouvernements, tout doit sombrer dans ce tourbillon.

La famille, les anarchistes la nient, ils n'en veulent pas. Chacun, disent-ils, sera libre de choisir telle épouse qui lui conviendra, et lorsque celle-ci aura cessé de plaire, elle fera place à la nouvelle créature qui aura pour un instant séduit les sens de l'homme.

Les enfants ! il est inutile de dire ce qu'en font les anarchistes ; élevés en commun, les enfants n'auront ni père ni mère, si ce n'est la société commune.

L'homme né libre, ajoutent-ils, n'a pas besoin de loi pour guider ses passions ; le bien et le mal n'ont de vrai que le nom qu'on leur donne et sont choses indifférentes, si susceptibles de changements, d'ailleurs, dans la société actuelle, que ce qui est bien en un lieu est mal en un autre et réciproquement.

L'homme n'ayant pas besoin de lois n'a pas besoin de gouvernement.

Chacun produira en raison de ses forces et dans la sphère qui lui conviendra le mieux, et, en compensation, chacun recevra ce dont il aura besoin.

Ces quelques propositions, jadis exposées et développées bruyamment, sont journellement discutées et, malgré leur étrangeté et l'invraisemblance de leur réalisation, trouvent de nombreux partisans dans les classes inférieures.

Il n'est cependant pas besoin, pour juger ces théories, d'être un philosophe profond, d'avoir pâli sur les penseurs; quelques-unes sont aussi vieilles que le monde et l'on retrouve dans la *République* de Platon toute une exposition de la théorie de la famille qui n'est pas sans rapport avec celle des anarchistes. Ce n'est donc pas un progrès que font les anarchistes, c'est un recul de plusieurs siècles.

Etrange doctrine, vraiment! qui arrache du cœur de l'homme ses sentiments les plus tendres; la louve aura soin de ses petits, revendiquera comme siens les fruits de son sein, et si quelqu'un tente de les lui arracher, quels seront ses gémissements et ses hurlements de colère? L'homme aurait-il donc moins de sentiments que la louve?

Quel rôle les Anarchistes donnent-ils à la femme qu'ils prétendent, cependant, élever? La femme, dans la société anarchique, nous n'hésitons pas à le dire, ne sera que cet être sans nom que l'on nomme vulgairement une prostituée!

Que fera donc l'homme sans lois, sans gouvernement? Pourra-t-il se guider lui-même, individuellement parlant? Quel arbitre sera juge de sa querelle? Il est vrai que le socialiste anarchiste répond que l'homme *sera autorisé* à faire disparaître celui qui le gênera dans sa liberté.

Cette parole même « *sera autorisé* » suppose une autorité capable de lui donner cette autorisation et le principe du système est précisément la négation de toute autorité.

Ne poursuivons pas plus loin les réfutations mille fois répétées de ces théories qui sont la contradiction même de la liberté. Le bon sens suffit, d'ailleurs, pour réduire à néant ces rêves utopiques. Malheureusement, leurs partisans exaltés et enthousiastes ne prétendent pas se soumettre à la démonstration du bon sens. Ils font miroiter aux yeux des ouvriers les avantages d'un avenir rappelant l'âge d'or des poëtes antiques où tous frères et égaux ne possèderont rien en propre et auront une égale répartition des choses nécessaires à l'existence.

Sans attendre que le nombre leur donne une puissance suffisante, ces exaltés ne négligent pas les moyens les plus violents pour attirer l'attention publique et donner le branle-bas de la lutte féroce qu'ils préparent.

Il n'y aurait qu'à sourire en face de ces hommes haineux, si leur vandalisme effroyable n'était pas capable de porter aux membres de la Société des coups irréparables. Il serait d'ailleurs trop commode d'assassiner son voisin sous le fallacieux prétexte que l'on est anarchiste et que, voyant en lui un ennemi de l'humanité, l'on s'est empressé de le faire disparaître, trop commode au déserteur et au transfuge de se poser en héros de l'humanité contre l'idée *restreinte et débonnaire* de la Patrie.

Comment convaincre ces hommes de leur erreur?

Pour combattre une opinion, il est indispensable d'en combattre le principe même, car toute fausse déduction provient d'un fondement erroné. Or, d'après le socialiste anarchiste, la Société est mal constituée par cela seul qu'il est des classes riches et des classes pauvres, que la fortune favorise les uns et n'a pour les autres qu'amertume et déceptions.

Constatons d'abord que, depuis les temps les plus reculés jusqu'à nos jours, il en a été de même. Que l'aristocratie s'appuie sur la force brutale, sur l'intelligence, le mérite, la naissance ou l'argent, l'aristocratie a toujours à sa disposition des moyens d'opprimer les masses.

L'aristocratie de naissance blesse, sans aucun doute, au plus haut degré le principe de l'égalité; elle a, en outre, le grand tort de récompenser parfois des gens qui ne le méritent point, car, malgré l'axiôme : tel père, tel fils, l'expérience ne donne pas toujours raison au proverbe.

L'aristocratie de naissance a l'avantage, en revanche, il faut le reconnaître, de comprendre soit des citoyens qui ont bien mérité de la Patrie, soit des hommes qui, dans un ordre d'idées quelconque, ont rendu des services à leurs semblables. Le fils de famille élevé, d'ailleurs, dans de nobles traditions, ayant sous les yeux les exemples de ses illustres ancêtres, se ressentira toujours de cette éducation, des principes élevés qui lui auront été inculqués dans son enfance; homme fait, son plus grand désir sera d'imiter ses aïeux dans leurs vertus et leurs hauts faits, dont la plupart du temps la tradition aura encore augmenté la valeur.

Nous n'avons pas à examiner si la disparition de l'aristocratie de naissance a été un bien ou un mal. L'aristocratie de naissance, à moins d'événements imprévus et nullement dans l'ordre des choses, est morte ; les cendres éteintes ne se rallument pas.

L'on a pu croire qu'aux privilégiés de l'ancienne France, la France moderne allait substituer des privilégiés choisis parmi les hommes de mérite, que ceux-là seuls qui possédaient de grands talents et une volonté capable de maîtriser leurs passions seraient appelés à gérer les affaires de l'Etat.

Il n'en a rien été, comme on le va voir. Au dessus du pauvre, du déshérité des biens de la terre, il ne se trouvera plus, après la disparition de la Noblesse, que l'homme d'argent, le riche capitaliste.

De tous temps et en tous lieux, la richesse a été l'apanage de quelques-uns ; sous l'ancienne monarchie, les nobles étaient à peu près les seuls à posséder, mais, dans la France d'aujourd'hui, le pauvre d'hier peut devenir le riche demain ; pour parvenir à ce but, il n'est nécessaire que d'un peu d'habileté et de beaucoup de fourberie. La domination du riche est d'autant plus tyrannique qu'il est rare de s'enrichir avec une âme loyale et que, parvenu par un heureux coup de dé au faîte de la grandeur, le capitaliste tient à profiter de cette puissance inaccoutumée que lui donne son or et qu'il peut perdre d'un jour à l'autre, comme il l'a conquise.

Les mêmes inconvénients, que nous avons signalés dans l'aristocratie de naissance, se retrouvent, par l'héritage, dans l'aristocratie d'argent, car la fortune passe souvent en des mains inhabiles. Ce n'est pas un fait rare de voir des fils de parvenus, plus orgueilleux que ne l'étaient jamais les fils de famille, écraser de leur mépris ceux qui, avec une conscience plus franche, n'ont pas eu le succès que méritaient leurs efforts. Ils n'ont de plus précieuse occupation, ces fils de nos plus riches commerçants, que de courir après tous les plaisirs, se faisant une gloire de leur mœurs légères et de leurs faciles conquêtes à prix d'or dans les lieux mal famés et infâmes; et si les pères de tels fils ont, par hasard! dû leur fortune à de longs travaux, n'est-ce pas une criante injustice que leurs héritiers puissent aussi frivolement jeter cet or péniblement amassé (1).

Quoi qu'il en soit, nous reconnaissons que, dans l'organisation actuelle de la Société, il faut une ARISTOCRATIE, c'est-à-dire une classe d'individus plus particulièrement destinés, soit par les honneurs dont on les comble, soit par l'influence dont ils disposent, à dominer sur les autres, à les diriger. Mais cet empire du maître sur son esclave ne s'est jamais fait sentir d'une façon si injustement pesante. Contrairement au Noble de la Monarchie, le Capitaliste de la Révolution n'a envers son inférieur que des droits et point de devoirs, aucune loi ne le contraint à lui fournir son

(1) Il ne faudrait pas inférer de nos paroles que nous sommes ennemi de l'héritage.

A propos de cela, nous nous demandons seulement si le législateur a vraiment sagement agi en instituant l'héritage forcément transmis par le père à son fils?

Il nous paraît bien plus sage de revenir à l'antique droit d'aînesse qui avait l'immense avantage, au point de vue économique, de conserver dans une seule main les biens paternels que le partage éparpille. L'égalité en est choquée, cela est vrai, les sentiments paternels semblent même se mettre en rébellion contre cette ancienne coutume, et cependant, quel est le père qui au fond de son cœur, n'accorde pas à son fils aîné une plus grande part d'affection.

Quoi qu'il en soit, il est une clause de la loi contre laquelle nous protestons au nom même de la morale, c'est celle qui enjoint au père de laisser ses enfants bouleverser sa fortune péniblement acquise, celle qui enlève au père le droit de renier le fils indigne de ses tendresses.

pain ni à lui accorder aide et protection. Sans doute, en qualité de *plus imposé*, il entretient plus particulièrement les tribunaux; mais les tribunaux sont esclaves des influences et n'hésitent jamais, quand il s'agit de se prononcer entre le riche et le pauvre. Au déshérité de la fortune tous les vices, tous les crimes, toutes les infamies. Comme le renard de la fable, le juge considère quels sont ses clients; entre le lion et l'âne, le coupable est désigné d'avance; entre le voleur insolent qui, trompant la confiance publique, a fait sa fortune, grâce à la bonne foi de ceux qui apportaient dans son coffre-fort le fruit de leurs labeurs, entre le commerçant qui, après un désastre où, acteur, il se pose en victime et se retire les poches garnies, entre ceux-là, disons-nous, et le pauvre homme que la faim a poussé à dérober un morceau de pain, son choix est fait; que disons-nous? mais la loi même, la loi protectrice des individus parait n'être faite que pour une certaine catégorie de citoyens; quant à l'autre, quand à la classe inférieure, il n'est pas d'article du Code dont on ne tire la quintessence, soit pour lui prouver que les tribunaux n'ont que faire de ses réclamations, soit pour mettre en défaut sa naïveté et son ignorance des étrangetés de la législation.

De tous temps, la classe dite « dirigeante, » c'est-à-dire la classe des jouisseurs a plus ou moins opprimé les classes dites *dirigées* : de tous temps aussi, les classes inférieures ont conçu une haine vive contre les classes supérieures, car, dévorées d'envie, les premières ont vu dans les secondes les causes de toutes leurs souffrances, de toutes leurs misères. Mais, jamais, entre hommes libres du moins, d'un côté la supériorité que donne le privilège ne s'est fait sentir d'une façon plus autoritaire, plus pesante, plus blessante qu'aujourd'hui ; d'autre part, la haine et l'envie n'ont jamais été plus vives, plus acharnées, plus implacables.

La Société ne peut donc vivre en paix, quand les deux classes distinctes, qui la forment, se regardent comme ennemies l'une de l'autre, quand constamment l'une se tient sur ses gardes contre les attaques de l'autre.

Et cependant, malgré les élucubrations de cerveaux creux, elles sont indispensables l'une à l'autre ; en ce siècle surtout, le travailleur est indispensable au capitaliste, le capitaliste indispensable au travailleur. Rien pour le moment ne fait prévoir que le remède social puisse être dans la disparition de l'une des deux classes ou dans leur fusion. De jour en jour, bien au contraire, les découvertes ruinent la petite industriel au profit de vastes entreprises, si bien que l'industriel d'hier est contraint de se faire mercenaire. Bien plus, en face du paupérisme, croyant peut-être y porter remède, des économistes ont proposé un système de société, d'après lequel toutes les grandes entreprises seraient directement confiées à l'Etat, qui serait alors patron et propriétaire. Les gouvernements surtout ont favorisé cette théorie dans laquelle ils ont vu une source de lucre et un moyen de combler les déficits de leurs budgets.

Plusieurs tentatives même ont été faites en ce sens en divers pays.

Il n'entre pas dans le cadre que nous nous sommes tracé de discuter cette théorie. Nous ferons seulement remarquer quel détestable absolutisme résulterait fatalement d'un état de choses où les gouvernants auraient la fortune publique entre leurs mains. Qui donc oserait encore résister au gouvernement qui, disposant des biens et de la vie des particuliers, pourrait d'un mot jeter sur le sol, sans pain, le malheureux disgracié?

Qui oserait encore parler de liberté? Cette considération, à une époque où la liberté est regardée comme chose aussi précieuse que la vie, n'a pas été, croyons-nous, sans être une des causes principales du nombre restreint de partisans de cette opinion.

Ce n'est pas, toutefois, la seule raison qui a éloigné d'elle les gens de bon sens. Au point de vue de l'économie sociale, les inconvénients ne seraient pas moins graves qu'au point de vue politique et moral. Ce serait la banqueroute assurée à brève échéance aux nations où ce système viendrait à prévaloir, car l'Etat, seul capitaliste réel, sera forcé de fournir à tous les citoyens le travail nécessaire pour lui assurer un salaire suffisant.

Les révolutions succédant aux révolutions, les ateliers transformés en chantiers nationaux coûteraient à l'Etat plus que ne pourraient rapporter le travail fait à son profit.

Nous verrons plus loin ce qu'il faut penser des thèses économiques.

Nous le disions tout-à-l'heure, le mal vient de plus loin qu'on ne pense.

De même que le Tiers Etat a renversé la Noblesse, le peuple rêve le renversement de la Bourgeoisie.

Il faut au peuple un idéal vers lequel se portent ses pensées. Pour l'heureux, le favorisé de la Fortune, n'ayant d'autres soucis que de contenter ses caprices, la vie, telle qu'elle est, n'offre pas trop de désagréments. Il se résignerait volontiers à vivre éternellement.

Il n'en saurait être de même pour ces infortunés, dont la vie n'est qu'un long et douloureux martyre, pour qui les jours souvent sans pain s'écoulent avec lenteur, qui ne vivent que d'angoisses, dont les nuits agitées et fiévreuses ne sont elles-mêmes pas toujours sans tracer sur le front du patient des marques de douleurs profondes. En saurait-il être de même pour cet ouvrier d'usine qui passe ses journées près d'un feu intense et qui, le soir venu, ne trouve pour étancher sa soif qu'une liqueur qui lui met le corps en feu et l'intelligence en délire, qui, rentré au logis fort tardivement, au lieu de consolations, ne trouve là encore que désespoir? Assurément non. Il lui faut donc, à ce pauvre malheureux, une espérance qui, dans l'avenir, lui montre une vie meilleure. Que deviendra-t-il donc, s'il lui faut désespérer de tout, ne voir qu'ennemis autour de lui, ne rencontrer jamais un visage ami ?

Que deviendra-t-il si, pour remédier à son malheur, il ne lui reste que la mort... et que la mort ne soit pour lui autre chose que *l'anéantissement de l'être*... seuls le crime ou le suicide peuvent apporter à ses souffrances un allègement quelconque;... par le crime, il pourra jouir à son tour, être riche peut-être, et, par le suicide, mettre fin à une précaire existence.

L'on conviendra que ce sont là des moyens peu enviables et que repousse par instinct toute conscience humaine, si peu honnête soit-elle.

Si faibles soient les principes moraux qui se trouvent au fond du cœur d'un homme, il ne sera pas sans reculer en face de ces terribles alternatives.

C'est alors qu'il se demandera pourquoi il est malheureux, tandis que d'autres, nés de l'homme comme lui, peuvent se procurer toutes les améliorations désirables qui lui sont refusées; la haine entrera dans son âme, une haine féroce, sans pitié contre cet homme, son patron, son maître, qui vit de ses sueurs... il rêvera de changer de fond en comble cette société mal faite et d'édifier une société idéale qu'il perfectionnera à sa guise.

Le peuple est naturellement et par tempérament porté à une sorte de mysticisme... il lui faut un dieu qu'il puisse adorer, que ce dieu soit une pure abstraction ou que, réalité vivante, il se présente à lui sous une forme humaine.

L'anarchisme et le nihilisme ne sont finalement que des religions mystiques contenant l'espérance d'un avenir meilleur.

La philosophie positive contemporaine a arraché du cœur de l'homme du peuple les seules croyances qui pouvaient lui faire prendre son mal en patience. Il a alors cherché un autre culte; la superstition théophilantropique de la franc-maçonnerie s'est elle-même matérialisée: le ridicule, d'ailleurs, des rites francs-maçonniques n'a pas échappé à la clairvoyance de l'ignorant; il a compris que, s'il avait réprouvé la Croix, ce n'était pas pour adopter des signes ridicules.

Il a fait successivement appel à toutes les superstitions, mais tout ce qui suppose l'existence d'êtres invisibles suppose nécessairement l'existence d'un dieu, de quelque nom qu'on le dénomme. Or, le peuple ne comprend pas les subtilités de la philosophie. Il ne comprend pas qu'on puisse être déiste, naturaliste, sensualiste; pour lui, il est chrétien ou il est athée... il n'y a pas de milieu... du jour où il ne croit plus à son baptême, il ne croit plus à la Divinité ; du jour où il met en doute un dogme de la foi catholique, il raye du même coup tous les dogmes religieux et moraux. Le Protestantisme offrait autrefois à ceux qui se séparaient de la religion de leurs pères un moyen terme, un « juste milieu, » entre les croyances et le matérialisme. Ami des partis extrêmes, le peuple ne change plus sa religion; il la renie, c'est plus simple; et, dans sa rigoureuse logique, l'on ne peut lui refuser la raison; dès lors qu'il admet un principe, il en admet toutes les conséquences.

La notion du bien et du mal ne s'efface pas, cependant, immédiatement de son âme ; les enseignements de son enfance, les préceptes de ses pères laissent encore des traces dans son esprit. Puis vient enfin un jour où tout disparait, la crainte seule le retient sur la pente du mal ; il ne craint qu'une seule chose :

la justice humaine. Il essaiera donc ou d'éviter la sanction de la justice ou de la briser.

Tel est le point de départ de toutes les théories révolutionnaires.

Oh! quelle terrible responsabilité ont endossé et endossent chaque jour ceux qui ont arraché et arrachent à l'enfant du peuple ses croyances religieuses!

Dissertez, dissertez, philosophes, écrivez des livres et des livres pour des lecteurs gagnés d'avance à votre cause. Le peuple ne lit pas vos ouvrages, ou, s'il les lit, c'est pour y trouver l'injure et l'outrage contre ce qu'on lui a enseigné à injurier et à outrager. Le peuple ne comprend pas vos belles phrases ni vos pièces de poésie, ô littérateurs et poëtes, si l'une d'elles contient le nom de Dieu, il tournera la page pour trouver la lubricité et l'apologie du vice... il se complait dans ces lectures malsaines que d'infâmes écrivains lui servent chaque jour.

C'est vainement que sur cette pente funeste on cherchera à l'arrêter. Depuis le premier jour où un doute est entré dans son âme, un travail lent s'est fait dans son esprit, travail de destruction.

Il s'est acharné contre la partie noble de lui-même, le septicisme a envahi son âme, septicisme chaque jour plus large, plus étendu. Ceux qui veulent lui tracer une limite, après en avoir ouvert la porte, ressemblent à des gens qui, ayant brisé les digues d'un fleuve, voudraient arrêter sa course folle dans les champs. Si vous voulez que les inondations cessent, faites rentrer le fleuve dans son lit. Si vous voulez que le peuple revienne aux principes moraux qu'il a abandonnés, faites lui gravir un à un les degrés de l'échelle qu'il a descendue.

Le véritable remède à cet état déplorable de la Société sera donc de remettre en honneur l'idée de la Divinité que l'on a tenté d'arracher du cœur de l'homme.

C'est au Christianisme, c'est à ses apôtres à effectuer cette mission.

Le remède est, non pas dans la fusion des classes, mais dans le rapprochement des classes.

Quels sont donc les moyens de faire triompher les doctrines du Christianisme dans le monde civilisé ? puisque seul le Christianisme avec ses croyances sur la vie future, seul le

Christianisme avec ses doctrines essentiellement démocratiques peut apporter aux unes la consolation de leurs infortunes, aux autres les moyens de se racheter aux yeux de Dieu et des hommes du crime d'être riche.

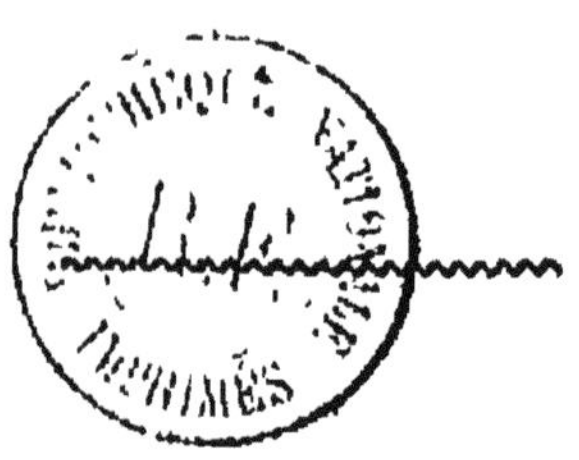

CHAPITRE IV

LES RAPPORTS DE L'EGLISE ET DE L'ETAT

Il faut reconnaître qu'en face de l'avenir plein d'incertitudes et de sombres menaces, en face de la démoralisation qui, après avoir gangrené les classes supérieures de la société, est descendue jusqu'aux couches sociales les plus inférieures et a anéanti tout principe d'autorité, des hommes d'un caractère fortement trempé, d'un noble désintéressement, se sont faits les amis de l'ouvrier et ont sacrifié, pour alléger les douleurs de leurs semblables, et leur vie et leur fortune. L'on a vu alors des œuvres catholiques surgir tout-à-coup et se multiplier tant en France que dans les autres nations de l'Europe, œuvres qui toutes étaient créés pour moraliser la classe ouvrière, lui enseigner les principes du devoir et lui montrer que l'existence humaine, dans quelle situation que l'on se trouve, n'est pas faite pour jouir, mais pour souffrir, et que le Christ a lancé ses anathèmes contre ceux qui, au mépris de ses enseignements, transforment la terre en un paradis où règne la luxure.

Parmi les hommes au mérite desquels nous devons rendre hommage, qui n'ont pas toujours réussi dans leur noble entreprise, mais conservent espoir contre toute épreuve, il s'en est trouvé qui, oubliant, comme nous le disions plus haut, que le monde, depuis la création, marche toujours vers le Progrès, ont tenté de rayer de l'histoire de l'humanité toute une période de temps et de faire remonter le monde à des époques que, dans leur admiration excessive, ils regardaient comme l'idéal de l'organisation de la Société.

Quelques-uns ont pensé que le seul moyen d'appliquer efficacement aux peuples les maximes évangéliques était de sceller une étroite union entre le pouvoir civil et le pouvoir religieux, entre le spirituel et le temporel.

Leur raisonnement ne parait pas, de primo abord, manquer de logique : aussi, a-t-il séduit et séduit-il encore beaucoup de catholiques intransigeants qui se croient être seuls à professer dans sa pureté la véritable religion du Christ.

Transférons, ont-ils dit, aux sociétés les doctrines promulguées aux individus et, de même qu'elles rendent les hommes plus parfaits, de même elles rendront les sociétés meilleures ; d'une part, le souverain, s'inspirant des données évangélique, règnera plus par la bonté et la charité que par la force et méritera vraiment le titre de « père du peuple » ; d'autre part, les sujets, respectant leur souverain comme des fils leur père, le considéreront comme le représentant de Dieu sur la terre ; d'un côté, la charité et l'amour, de l'autre le respect et la crainte.

Toute autorité, ajoutent-ils, ne saurait venir que de Dieu, car l'homme par lui-même n'a aucune autorité sur son semblable ; une réunion d'hommes, si nombreuse soit-elle, ne peut conférer à un citoyen un droit que nul d'entre ses membres ne possède personnellement.

C'est de là qu'est née cette fameuse théorie

du « Droit divin. » Concevant, en effet, un Etat où le souverain est maître d'une façon plus ou moins absolue, les partisans de cette doctrine ne trouvent qu'un seul moyen de légitimer ce pouvoir, c'est en faisant appel à la Divinité et en représentant tout pouvoir comme émanant de l'autorité divine qui, dans ce cas, ne sanctionne pas seulement un droit acquis, mais confère ce droit même; dans l'application de leur théorie les partisans du droit divin ont vu le remède suprême à tous les maux de l'humanité, car ils y ont vu la restauration du principe d'autorié, principe dont la deshérence est la source même de la démoralisation.

Le pouvoir suprême, qui préside aux destinées des nations, dérivant de Dieu, tous les ordres du souverain devront être considérés comme sacrés, car, quand Dieu commande, il n'y a qu'à s'incliner. L'on comprend les fatales conséquences d'une semblable doctrine, c'est l'étouffement complet de la Liberté, car la Liberté est l'affirmation des droits de l'homme.

L'on conçoit que dans un pareil système l'homme ne peut avoir de droits, il ne saurait avoir que des devoirs. Si donc demain, au nom de « son Droit divin, » le souverain vous ordonne, ô Catholiques, d'abjurer la religion de vos pères, vous n'aurez qu'à vous incliner, ou, du moins, vous n'aurez pas le droit de protester contre les peines que vous encourrez par suite de l'infraction commise.

Un semblable système a cependant fonctionné de fait, non-seulement en France, mais dans plusieurs autres nations et dans notre siècle, sous le nom « d'Alliance du trône et de l'autel », on a tenté de faire revivre l'alliance de la religion et de la monarchie. . . . . .

. . . .

Chevauchant à la tête de son armée, l'empereur romain Constantin va jouer son empire sur un indécis champ de bataille. Tout-à-coup, dans les airs, apparaît une Croix avec ces mots: *In hoc Signo Vinces,* — Par ce signe tu vaincras ». Ces paroles deviennent la devise de l'Empire, elles brillent sur les étendards; des milliers de soldats s'abritent à l'ombre de la Croix et la victoire couronne leurs espérances. Les Chrétiens se réjouissent au grand jour. Hier encore ce cri terrible : « *Les Chrétiens aux lions* » retentissait dans la capitale du monde ; hier encore, le sang coulait à flots ; hier encore, il fallait choisir entre la trahison et la mort. Aujourd'hui, par un revirement subit de l'opinion, les foules, si amoureuses de surnaturel, portent en triomphe les adeptes de la philosophie nouvelle ; de toutes parts, les temples du Christ s'élèvent avec majesté ; Rome devient le centre de la lumière catholique, les premiers conciles se réunissent avec solennité, présidés par l'empereur. Tout annonce que le règne du Christianisme commence. La religion Catholique, d'ailleurs, est proclamée Religion d'Etat, les premières hérésies combattues par le pouvoir lui-même ; les faux dieux sont brisés, les païens honnis. Jouissant alors d'une facile victoire, les Chrétiens se lèvent à leur tour pour venger le sang de leurs frères, répandu pendant des siècles dans les cirques. Trouvant désormais trop lent le chemin de la persuasion et de l'apostolat, des fanatiques ardents demandent secours à la force et à la violence. De ce jour, naît la première pensée contraire à la liberté de conscience, dont eux, Chrétiens, s'étaient jadis tant réclamés.

La victoire bientôt devient au Christianisme plus fatale que ne l'avait été le bras des bourreaux. De nombreux néophytes, prêts à le servir, s'éloignent de ces scènes de carnage, beaucoup d'autres ne se rapprochent de l'Eglise naissante que pour éviter ses prescriptions, beaucoup pour gagner des honneurs, car elle est devenue la puissance du jour; sous son égide, toutes les débauches, tous les crimes, tous les vices trouvent un abri. L'empereur en est devenu comme le grand Pontife. Confondant dans un même parti les ennemis de l'un et les ennemis de l'autre, la foule applaudira bientôt au règne de Julien l'Apostat qui lui semblera apporter la délivrance; la réaction païenne ne fera plus appel à la violence; elle revêtira une forme de persécution plus déplorable et plus cruelle..... La civilisation s'arrêtera soudain dans sa marche, et les progrès du Christianisme pour un instant s'affaibliront.

C'est cette faute immense de l'union du pouvoir civil et du pouvoir religieux qui sera le point de départ de tous les fanatismes religieux et politiques. L'Inquisition, la Saint-Barthélemy, les Dragonnades, toutes ces violences d'un peuple victorieux excuseront jusqu'à un certain point les persécutions dont aura plus tard à souffrir l'Eglise. Dieu, comme pour punir son peuple d'avoir oublié ses préceptes, de ne s'être pas souvenu que l'Amour et la Charité devaient être ses uniques armes, permettra qu'on lui rende au centuple les violences dont il se sera rendu coupable ; et toutes les fois que le pouvoir religieux demandera protection au pouvoir civil, il en sera de même, trop heureux, quand les conséquences n'en seront pas plus terribles, lorsque le souverain ne rêvera pas, pour affermir son trône chancelant, de rompre la puissance internationale de l'Eglise et de faire une religion d'Etat dont il sera le grand Pontife.

Le schisme d'Angleterre n'a pas eu d'autre principe.

Pourquoi chercher, d'ailleurs, chez les nations voisines un exemple que nous trouvons plus près de nous ; n'avons-nous pas la fameuse déclaration de 1682 où un évêque illustre démérita, pour une fois, le nom de « grand » que la postérité lui a décerné ; les fameux principes ne trouvèrent-ils pas au dix-neuvième des partisans et des défenseurs ?

Quand on veut régénérer une Nation, ce n'est pas en arrière qu'il faut regarder, mais en avant. Or, l'avenir appartient à la Liberté. L'union du pouvoir civil et du pouvoir religieux est un attentat permanent contre la liberté des citoyens : car de cette union sort la guerre. De ces deux pouvoirs vivant côte à côte et dont les relations sont réglementées par tel ou tel traité sortira la prédominance de l'un ou de l'autre pouvoir et, par conséquent, l'asservissement de telle ou telle catégorie de citoyens.

C'est ce que n'ont pas compris les auteurs du Concordat.

Après la Révolution Française, après cette époque de troubles et de crimes, pendant laquelle tant de têtes illustres tombèrent sous la hache du bourreau, l'on sait quelles infâmes saturnales avaient remplacé les cérémonies catholiques : les temples profanés, les autels violés. Tels avaient été les fruits de cette ère de terreur. Napoléon, dont le génie venait de terrifier l'Europe, comprit que, pour asseoir sa domination, il avait besoin de cette Eglise que d'autres s'étaient donnés tant de peine à détruire, sans y parvenir.

Il rêva le rôle d'un Charlemagne et la France put croire un jour qu'elle était sur le point de renouer ses antiques traditions... Une pompe solennelle présida à cette réconciliation de la Fille Ainée de l'Eglise avec son Chef. De cette entente sortit une œuvre qui marqua la fin de la Révolution, œuvre de pacification, au moyen de laquelle le Pontife Romain, à force de concessions, parvint enfin à reconstituer le clergé français et à éviter un schisme. Un grand souffle de paix passa sur la Nation. Partout retentirent d'enthousiastes acclamations, pour saluer la restauration du Catholicisme. Le vainqueur d'Austerlitz avait remporté une victoire non moins grandiose sur la Révolution.

L'illusion devait être de courte durée. Trop tard, les Catholiques comprirent que seule l'ambition avait guidé le guerrier : l'on vit le restaurateur de la Religion se faire tout-à-coup le persécuteur de la Papauté.

A l'époque où fut promulgué le traité, des voix isolées s'élevèrent du sein de l'Eglise. Quelques-uns des héroïques combattants du Trône et de l'Autel, à la vue de leurs efforts restés stériles et devenus paralysés, refusèrent de reconnaître en Napoléon le chef incontesté de la Nation. Le roi seul, disaient-ils, a le droit de traiter avec le Saint-Siège, car, seul, il est l'oint du Seigneur, seul le *légitime* souverain. Leurs réclamations furent étouffées.

Les gouvernements qui succédèrent au premier Empire n'eurent d'autres soins plus pressants que de se faire du Concordat une arme, soit contre leurs ennemis, soit contre l'Eglise elle-même.

Les Catholiques accueillirent avec joie le retour de la Royauté. Le Roi, qui succédait à *Louis XVII* (1), sut, en homme avisé, profiter de cette situation. Entre ses mains, le Concordat devint une arme terrible contre les Révolutionnaires, comme plus tard ceux-ci devaient s'en servir contre les représentants de Dieu. La protection que la Restauration accorda à la Religion Catholique lui fut plus néfaste que les persécutions de la Terreur; l'Eglise, désormais, n'était que le soutien d'un parti. Quand le Trône chancela, l'Autel s'étonna de rester debout. Comme au temps de Julien l'Apostat, une sourde persécution, tramée à l'ombre du Concordat, contraignit les disciples de Jésus à se dérober de la vue des foules. Quand, pour

(1) L'on sait que Louis XVIII data le commencement de son règne du jour présumé de la mort de l'enfant-martyr.

la seconde fois, le Césarisme, contre toutes les lois du Progrès, tenta de se rétablir, avec l'appui d'un homme dont l'incapacité n'avait d'égale que le génie de son ancêtre, pour la seconde fois, aussi, des apôtres du Christ offriront leur appui à la tyrannie, pour la seconde fois ils s'aperçurent, mais trop tard pour éviter de grand maux, combien leur erreur avait été grave...

César Borgia, vainqueur à Sinaglia, vit ses ennemis, devenus ses alliés, Vitellozo et Orsini, s'avancer au-devant de lui.. il leur tendit une main flatteuse et hypocrite. A peine avaient-ils mis pied dans le château de la ville que, saisis, garottés, sur l'ordre de César, ils furent aussitôt égorgés. Un homme se trouva, Machiavel, pour célébrer ce sombre et terrifiant spectacle. Il l'analysa, le délecta avec amour.

N'est-ce pas de même qne César Napoléon agit avec les Catholiques, ses alliés nouveaux, et en plein dix-neuvième siècle. Après le 2 décembre, il se trouva des Citoyens semblables à des sbires qui, mandés sur les lieux où vient de se commettre un crime, tombent en arrêt devant un coup de couteau bien appliqué, et, n'envisageant que la besogne prestement troussée, opinent que l'homme, qui a fait cela, n'est pas un coquin ordinaire, il se trouva, disons-nous, des Citoyens et des Citoyens catholiques pour s'écrier comme Machiavel à Sinaglia. « Le tour est bien joué ! »

De même que le séducteur flatte et caresse la fille dont il rêve la conquête, de même le vainqueur de... Satory flatta l'Eglise pour en faire sa servante, sa courtisane... et, dans sa chute, l'Empire, un instant, entraîna le prestige de l'Eglise de France ; l'ère des persécutions se rouvrit, un siècle de conquêtes et de liberté fut soudain rayé de l'histoire du Catholicisme.

L'Eglise n'a que faire des alliances qui ne sont qu'un leurre et apportent à son développement et à sa mission de plus sérieuses entraves que toutes les haines accumulées de ses ennemis.

L'or et la protection des gouvernements lui sont plus funestes que le fer des bourreaux ou la hache des Vandales.

Ce que veut le Christianisme c'est la Liberté, et rien de plus. Que lui importe que tel ou tel régime gouverne les peuples, pourvu que, grâce à sa mission providentielle, il puisse inculquer aux hommes, avec les lumières de la science divine, le souffle de la vérité.

Les Concordats n'ont jamais été dans les mains des gouvernements qu'une arme pour persécuter les Catholiques ou un aimant pour s'attirer les sympathies des fidèles.

Pendant des siècles, la Papauté a lutté contre les immixtions du pouvoir civil dans les affaires de l'Eglise; pendant des siècles, les querelles du Sacerdoce et de l'Empire, de la Tiare et de l'Epée ont tenu le monde entier en suspens. Le successeur de Pierre est toujours sorti victorieux de ces conflits. Aujourd'hui, comme il y a dix siècles, les gouvernements, quelque soit leur origine, sous quels principes qu'ils s'appuient, sentent que le Catholicisme, par son éternité, peut seul apporter à leur pouvoir un fondement durable, un soutien inébranlable, ou bien encore, dans leur aberration stupide, espérant, enfin, détruire cette puissance qui les gêne, ils réclament du pouvoir spirituel une sorte de pacte qui leur permette de parvenir au but qu'ils poursuivent.

Un pape, dont la faiblesse n'a guère d'exemples dans l'histoire de l'Eglise Romaine, approuva cet état de choses immoral, en vertu duquel l'on a vu et l'on voit un secrétaire d'Etat, ministre d'une secte d'athées ou courtisan servile d'une tyrannie, nommer les grands dignitaires de l'Eglise, s'arrogeant ainsi un droit que, seul, possède le chef spirituel des âmes, et que, seul, il peut légitimement exercer. C'est ainsi que l'on voit un financier exploiteur ou un parcimonieux distributeur des richesses de l'Etat disposer à son gré des biens des pauvres!!...

Et cependant, où donc, ô catholiques, siège votre Chef? Qui donc connaît vos besoins, vos aspirations?... Est-ce ce juif, ce protestant, cet athée ou ce fidèle ignorant que l'aveuglement des masses populaires ou la faveur d'un prince ont investi d'un pouvoir illimité sur les consciences des enfants du Christ? Est-ce donc à Paris, à Berlin, à Madrid, à Londres, à Bruxelles que vous tournez les yeux pour connaître votre devoir et les fonctions que vous avez à remplir, vous, oints du Seigneur, Prêtres de Jésus?

Pour la première fois, l'on a vu, il y aura bientôt vingt ans — fait nouveau dans l'histoire, — un Concile se réunir, sans qu'aucun représentant du pouvoir civil eut, dans la sainte assemblée, voix délibérante; cette rupture avec la coutume antérieure ne marque-t-elle pas d'une façon définitive la séparation des deux pouvoirs. Et, au moment même où tous les souverains fauteurs de schismes tremblaient sur leur trône sous l'anathème qui les frappait, le Prince des Ames, près d'être dépouillé de ses Etats, affirmait, par un acte mémorable, que son règne n'est pas de ce monde, que sa personne n'a pas à s'occuper des corps, mais que son pouvoir est sans limite sur les âmes.

Entre le spirituel et le temporel, plus de ces attaches donc qui ravalent l'un au profit de l'autre, qui font, à l'inverse de la logique, du surnaturel le servant du naturel; assez de ces compromissions, contre lesquelles l'Eglise romaine a lancé jadis ses foudres les plus terribles.

L'on ne verra plus alors le Prêtre, fonctionnaire timide de l'Etat, ravi de ses droits de citoyen.

Le prêtre a toujours fait et le prêtre fera toujours de la politique. De quel droit lui refuseriez-vous à ce chef de religion de préférer ses amis à ses persécuteurs ? De quel droit lui interdirez-vous de dire à ses ouailles, quand un pouvoir persécuteur tentera de leur ravir leur foi, d'arracher du cœur de leurs enfants les préceptes que le prêtre y a implantés, de quel droit, disons-nous, lui interdirez-vous à ce prêtre de dénoncer les continuateurs de l'œuvre scélérate de Julien l'Apostat ? Et s'ils se couvrent d'un voile hypocrite, de quel droit l'empêcherez-vous de soulever ce voile et de montrer le cœur de vipère que cache un manteau d'hermine ?

De quel droit lui défendrez-vous, au prêtre, d'exercer ses devoirs de citoyen ? Dans son cœur de chrétien n'y a-t-il donc pas de place pour les sentiments du patriote ? L'histoire apporte ici un démenti formel à ceux qui auraient l'intention de soutenir une semblable thèse; car si ses fonctions et sa mission divine commandent au prêtre d'aimer tous les hommes, de s'efforcer à faire régner la justice ici-bas, il est, dans l'immensité du globe, un petit de coin de terre, qui lui est particulièrement cher ; dans l'humanité, il connait une portion d'hommes que son amour paternal affectionne au-dessus de tout, et, pour ce petit coin de terre, il donnera, s'il le faut, jusqu'à la dernière goutte de son sang. En portant au loin l'amour de Dieu, missionnaire, il fera connaître et aimer aux peuplades barbares, le pays de ses pères... et si quelque malheur accable sa Patrie, si des ennemis, avides de sang, envahissent la province, debout, sur le champ de bataille, il ramassera les mourants, et sa prière montera ardente vers le Très-Haut, pour que le Dieu des Armées mette les ennemis en déroute.

Ce droit, qui est presque un devoir, les ennemis du prêtre ont prétendu le lui ravir. L'Etat l'a mis au rang de ses fonctionnaires salariés. L'on a reconnu la nécessité d'une religion, l'on a semblé protéger même plus particulièrement la religion catholique, et ses prétendus défenseurs ont été ses pires ennemis. On a enlevé au prêtre jusqu'au droit de bénir les foules, tandis que les saltimbanques peuvent impunément promener leurs burlesques cavalcades dans les rues des grandes villes; en plein dix-neuvième siècle, des citoyens français, ne se sentant pas assez protégés par les lois contre la haine des bandits, en sont réduits à cacher, pour ne la pas faire insulter, la robe de bure, par laquelle ils apprennent au peuple que leur plus ardent désir est de se faire pauvre, pour pouvoir approcher plus facilement du pauvre, dont ils revêtent jusqu'au costume.

Nous voyons donc quels ont été les bienheureux effets du Concordat. Quant ce fallacieux traité ne sera plus, quand le Gallicanisme, qui conserve encore des adeptes, aura perdu tout espoir de triomphe, le clergé français pourra au moins dénoncer à ses auditeurs l'école athée, le candidat irréligieux. Et si, poussant jusqu'à l'infamie leur rage sauvage, les ennemis de l'Eglise, après l'avoir dépouillée de ses biens, refusent toute compensation, s'il faut abandonner les temples gothiques, laisser transformer en écuries, en champs de foire, les somptueuses églises, si les voûtes sacrées, comme il y a bientôt cent ans, retentissent de nouveau des cris sauvages d'hommes avinés, si, sur les autels dressés au Dieu d'amour, une nouvelle Prostituée, image de la société présente, vient trôner, l'on trouvera encore assez de greniers, assez de granges pour célébrer le culte divin. S'il faut rouvrir les catacombes, l'on rouvrira les catacombes, et, proscrits moines et prêtres sont forcés d'abandonner leur Patrie, le monde sera encore assez vaste pour les recevoir; mais, en quittant le sol de la France, le dernier apôtre, secouant la poussière de ses souliers emportera avec lui la dernière incarnation de l'Homme-Dieu, et, comme après le crime de Golgotha, les séraphins abandonneront l'ingrate Jérusalem. Du haut du séjour des bienheureux, l'ange exterminateur poussera ce cri de détresse: « *Gallia Gallia vœ tibi, vœ tibi!* » ce jour-là, dix siècles de gloire seront effacés de l'histoire, ce jour-là, il ne restera plus de la Ville des Arts et des Sciences qu'un désert, où croîtront les herbes sauvages, ce jour-là de l'antique royaume de France, il ne restera que le souvenir et les gémissements de ses derniers fidèles.

Mais non, le Christianisme qui a fait la France, le Christianisme qui a conquis une à une toutes les libertés, le Christianisme est appelé à sauver une fois encore la patrie française, la patrie de Jeanne d'Arc, car la vieille nation franque est profondément chrétienne, les temples catholiques plus que jamais regorgent de fidèles; l'encens fume toujours sur les autels, les hymnes sacrées s'élèvent, entonnées par des milliers de voix et les disciples de Jésus peuplent les trois quarts de notre infortuné pays.

En présence des misères du peuple, le Christianisme trouvera des remèdes pour panser les blessures des malheureux, comme il en a trouvé pour affranchir les esclaves, tout en leur recommandant la résignation.

Sublime religion que celle qui enseigne à l'homme qu'il est né libre et que, si la nécessité des temps ou bien les méfaits et les injustices le forcent à courber momentanément la tête devant son semblable, un temps viendra où toutes les injustices seront réparées, où la liberté lui sera accordée pleine et entière. L'accusera-t-on de semer la discorde, de conseiller la révolte? Le Christianisme, certes, est à l'abri de ce reproche... de même qu'il apprend à ses enfants à mourir en pardonnant les offenses qui leur sont faites, de même que l'on a vu ses disciples bénir leurs bourreaux et, en des temps fort récents, pardonner à ceux qui les avaient lâchement immolés, de même il enseigne à l'homme à affirmer ses droits, et lui commande l'obéissance. Aussi, a-t-on prétendu de cette résignation faire une complicité, ou au moins un tacite consentement.

CHAPITRE VII

LA MORALE INDÉPENDANTE ET LA QUESTION SOCIALE

C'est en dissipant tous les préjugés répandus, c'est en abandonnant les vieilles coutumes qui ne sont plus en concordance avec l'esprit moderne que l'Eglise parviendra à remettre en honneur ses principes moraux.

Quand nous parlons d'esprit moderne, nous ne voulons certes pas entendre par là ces tendances immorales et liberticides qui, sous le faux couvert d'une tolérance qui confine à la licence, n'ont d'autre but que d'opprimer les masses.

Nous sommes bien plus éloignés encore de nous faire les apôtres de la *Morale indépendante*.

Dans leur désir ardent de nier la divinité de la Religion Catholique et surtout d'édifier un système de philosophie, d'où elle fut complètement exclue, un grand nombre de penseurs du XIXe siècle ont déclaré que la Morale était *indépendante*.

De tous temps, les écoles philosophiques se trouvèrent partagées en deux grandes classes. D'un côté, la Morale de l'intérêt, de l'autre la Morale du devoir; d'un côté le Matérialisme, de l'autre le Spiritualisme; d'un côté le Mécanisme, de l'autre le Vitalisme; d'un côté la méthode d'observation interne, de l'autre la méthode expérimentale. C'est, en effet, surtout de la méthode employée que, de déductions en déductions, les philosophes en sont arrivés à professer telle ou telle doctrine, à enseigner tel ou tel système de philosophie. Les uns, employant l'observation intérieure pour découvrir les phénomènes et les manières d'être de l'âme humaine, ont vu clairement l'immortalité de l'âme et toutes les vérités qui en découlent et ont pu analyser les sentiments du cœur de l'homme.

Quant aux partisans de l'école expérimentale, c'est en vain qu'à l'aide du scalpel ils scruteront le cerveau humain, jamais ils ne parviendront à découvrir l'intelligence, la mémoire, l'imagination.

Aussi les partisans de cette méthode sont-ils amenés à nier l'immortalité de l'âme et l'âme elle-même, en tant que distincte du corps. De là au sensualisme, il n'y a qu'un pas, quand il n'est pas fait précédemment.

La méthode expérimentale, dont M. Claude Bernard a été l'un des plus chaleureux promoteurs, remonte jusqu'à Bacon, c'est lui qui en a tracé les règles générales dans les aphorismes de son « Organum ». Les naturalistes : Buffon, Herschet, Cuvier ont plus ou moins préconisé cette méthode que les spirituelles et vives boutades de Joseph de Maistre n'ont pas réussi à déraciner.

Certes, tous les partisans de la méthode expérimentale n'ont pas sacrifié au sensualisme, loin de là ; et, par une de ces inconséquences, comme il s'en rencontre souvent chez les penseurs, plusieurs ont voulu édifier une morale quand même, qui a compté et compte encore pour partisans tous les psycho-physiologites, tous ceux qui veulent, au nom de la Physiologie, rayer la Métaphysique du tableau des sciences ou méconnaissent simplement le rôle de la Théologie.

C'est surtout dans l'école positiviste que cette théorie a rencontré des disciples qui proclament que la Morale est tout-à-fait indépendante de la Métaphysique.

Cette école se rattache au criticisme de Kant et à Proudhon qui a dit : « Mes maîtres sont Auguste Comte et Kant. » Pour réfuter la thèse chère aux positivistes, il suffirait de montrer leurs contradictions nombreuses. Nous nous bornerons à en citer une, que nous apercevons chez Littré, le brillant disciple du chef du positivisme : « L'être que *Dieu a fait* homme reste *homme* » dit-il quelque part. L'on ne nous démentira pas, si nous disons que c'est là l'introduction dans la psychologie d'une finalité établie par Dieu. N'est-ce pas la condamnation même de tout le système ?

Les deux plus célèbres représentants du scepticisme allemand : Schopenhauer et de Hartmann ne sont pas allés aussi loin que les positivistes. Selon eux, la cosmologie et la métaphysique servent de base à la science des mœurs, mais cette dernière est tout-à-fait indépendante de la théologie naturelle ou révélée.

C'est aux théories du positivisme et aux partisans de la Morale indépendante qu'une école importante de spiritualistes, qui compte dans ses rangs des philosophes illustres tels que Ravaisson, Franck, Caro, MM. Janet, Jules Simon, Elie Rabier ont déclaré la guerre. Selon ces penseurs, la morale est liée à la théologie naturelle et à la métaphysique, mais indépendante de la théologie révélée. C'est donc, au fond, une pure transaction du Spiritualisme avec la Morale indépendante.

Ces philosophes, d'ailleurs, si remarquables soient-ils par le talent et animés des meilleurs intentions, subissent tous plus ou moins l'influence de Voltaire et de Rousseau, en qui l'on retrouve les premiers fondements de cette opinion.

« Soyez juste, il suffit, le reste est arbitraire. » dit Voltaire.

Remarquez cette parole : « le reste. » Qu'entend-il par là? Le reste, c'est l'existence de Dieu, c'est l'immortalité de l'âme, les principes et les récompenses d'une autre vie, c'est le culte, ce sont les dogmes, c'est la doctrine.

Rousseau, de son côté, déclare que les devoirs de la morale sont les seuls essentiels.

Bolingbrolke n'a pas assez de véhémence pour anathémiser ceux qui pensent que, sans Dieu, il ne peut y avoir de loi naturelle, au moins obligatoire.

Nous avons l'intention de faire plus tard une réfutation complète de cette étrange doctrine. L'on nous permettra pour le moment de faire remarquer uniquement les inconséquences et les contradictions dans lesquelles sont tombés ses plus chauds partisans.

Et d'abord, Voltaire qui, nous l'avons entendu, nous a déclaré que tout le reste était arbitraire, s'élève contre l'Athéïsme: « Il est « absolument nécessaire, dit-il, pour les prin- « ces et pour les peuples, que l'idée d'un Être « suprême, créateur, gouverneur, rémunéra- « teur, vengeur soit profondément gravée dans « les esprits. »

Voulez-vous savoir pourquoi Voltaire déclare nécessaire la croyance à l'existence de Dieu, peut-être, pensez-vous que c'est pour une raison politique. Nullement. C'est à lui-même que nous allons nous adresser, pour connaître la cause de cette nécessité : « Je ne voudrais pas, « dit-il, avoir affaire à un prince athée qui « trouverait son intérêt à me faire piler dans

« un mortier. Je suis bien sûr que je serais « pilé. Je ne voudrais pas, si j'étais souverain, « avoir affaire à des courtisans athées dont « l'intérêt serait de m'empoisonner. Il me « faudrait prendre au hasard du contre-poison « tous les jours. »

Le prince athée courrait donc grand risque d'être un sanguinaire barbare, le courtisan athée un empoisonneur. N'est-ce pas la condamnation de la Morale indépendante? Peut-on être sur ce point plus explicite.

Quand à Rousseau, écoutez-le à son tour. Après avoir fait connaître à son élève dans l'*Emile*, l'existence de Dieu, il ajoute: « Re« jetez cela, je ne vois plus qu'injustice, hypo« crisie et mensonge, parmi les hommes; « l'intérêt particulier apprend à chacun d'eux « à parer le vice du masque de la vertu. »

Ecoutons encore le même auteur toujours dans le même ouvrage: « Ce que je sens être bien est bien, ce que je sens mal est mal; « le meilleur de tous les casuistes est la con« science, et ce n'est que quand on marchande « avec elle qu'on a recours aux subtilités de « raisonnement. Trop souvent la raison nous « trompe, nous n'avons que trop acquis le droit

« de la récuser, mais la conscience ne trompe « jamais ; elle est à l'âme ce que l'instinct est « au corps ; qui la suit obéit à la nature et « ne craint pas de s'égarer... Conscience ! con-« science ! instinct divin, immortelle et céleste « voix, guide assuré d'un être ignorant et borné, « mais intelligent et libre, juge infaillible du « bien et du mal qui rend l'homme semblable à « Dieu ; c'est toi qui fais l'excellence de sa na-« ture et la moralité de ses actions ; sans toi, « je ne sens rien en moi qui s'élève au-dessus « des bêtes que le triste privilége de m'égarer « d'erreurs en erreurs à l'aide d'un entendement sans règle et d'une raison sans principe... »

Nous venons de le voir, Rousseau admet que la raison est impuissante à nous faire distinguer le bien et le mal ; et cependant, écoutons-le autre part : « Connaitre le bien, ce n'est « pas l'aimer ; l'homme n'en a pas la connais-« sance innée ; mais sitôt que sa raison la lui « fait connaître, sa conscience le porte à « l'aimer ; c'est ce sentiment qui est inné. »

Ici donc, le philosophe nous déclare que la raison est l'unique juge des, devoirs, de même qu'il nous avait déclaré que la raison nous trompe trop souvent, que nous n'avons que trop acquis le droit de la récuser.

Nous pourrions aller plus loin, montrer des contradictions plus frappantes, si possible, dans Bolingbroke, mais ces quelques citations auront suffi amplement pour montrer au lecteur combien les chefs de la morale indépendante ont peu de raisonnement et d'esprit de suite, comment ils sont contraints, à certains moments, de relever ce qu'ils s'étaient tant acharnés à détruire et à s'incliner devant l'évidence qui s'impose à eux.

Non seulement nous croyons que la morale n'est pas indépendante de la théodicée, mais nous pensons même qu'elle ne l'est pas de la religion révélée. Un prédicateur illustre, — les anciens doivent s'en souvenir, — se fit, il y a quelques années, chaleureux défenseur de la doctrine que nous tenons pour vraie, et, avant de s'être lui-même laissé entraîner par le Sensualisme, le savant carme, dont le talent ne trouvait d'égal que dans son orgueil, eût la joie de voir se ranger à son opinion un des plus grands philosophes du siècle, le chef de l'Eclectisme moderne : Victor Cousin.

Il suffirait, d'ailleurs, de faire un parallèle entre l'état des peuples rangés sous la bannière du Christianisme et ceux restés encore rebelles à la civilisation, pour y montrer l'amélioration.

N'est-ce pas aux époques où la religion a été le plus florissante que la morale a été le moins outragée ?

Il est vrai qu'il s'est rencontré des contradicteurs pour prétendre que la Morale Chrétienne n'était pas l'idéal auquel la Société devait tendre. L'un d'eux, M. Vacherot, dans un ouvrage sur la « Religion » dont la *Revue des Deux Mondes* de 1869 publia un des principaux passages, reproche à la religion catholique de donner la Charité comme fondement à la Morale. Il ajoute que la *morale moderne* est bien supérieure à la *morale chrétienne*, car la première repose sur la justice qui est un principe, la seconde sur la charité qui est un sentiment, et chacun doit convenir que le sentiment est inférieur au principe.

Nous ne comprenons guère, disons-le de suite, cette distinction entre la *morale moderne* et la *morale chrétienne*. La morale moderne, en effet, n'est-elle pas issue de la morale chrétienne ?... A moins toutefois que l'on entende par loi morale le recueil des lois auquel le premier Napoléon donna son nom ? Mais alors nous prétendons que les tribunaux chargés de rendre la justice la comprennent souvent bien mal et que le Code lui-même, dans maintes circonstances, dans maints articles, est on ne peut plus injuste. Est-ce la morale qui livre sans protection la femme au séducteur dès son âge tendre? est-ce la morale qui ne trouve pas de blâmes pour l'agioteur, pour l'escroc qui a capté la confiance publique ? Drôle de morale, en tous cas.

Peut-être aussi veut-on entendre par la *morale moderne*, la morale révolutionnaire, en opposition à la morale chrétienne? Où donc alors en cherchons-nous les productions et les manifestations? Sans doute, c'est au nom de cette morale que, depuis un siècle, se font toutes les émoutes renversant tour à tour tous les pouvoirs, méprisant toute autorité; sans doute, c'est au nom de cette morale que, le 2 décembre 1850, un César moderne traitait en pays vaincu la nation qui lui avait ouvert ses portes sans méfiance, et en ennemis ceux qui avaient préféré rire de ses étranges équipées, que de le faire pendre comme il l'eût mérité. Sans doute, lorsque sous la Commune de 1871, l'on assassinait les otages et l'on incendiait la Capitale, l'on suivait en cela les principes de la *morale moderne;* sans doute, lorsque l'on fête les assassins de 1871, lorsque sur la poitrine de ceux qui ont déserté devant l'ennemi, l'on voit briller la croix d'honneur, étrange félonie, l'on applique les principes de la morale moderne.

Nous acceptons de bon cœur cette dernière interprétation de la *morale moderne.* Quand à la *morale chrétienne*, nous savons ce qu'elle a produit, et l'Etat, pour avoir traitreusement mis la main sur les hospices de charité, n'effacera pas de l'histoire l'origine de ces refuges et ne lavera pas la tache que ce vol a fait sur les pages des annales de certaine assemblée parlementaire peu soucieuse du droit de ses adversaires. Si c'est là encore un des fruits de ce que l'on nomme la morale moderne, c'est-à-dire si la morale chrétienne, fondée sur la Charité, enseigne à donner, tandis que la morale moderne, fondée sur la Justice, enseigne à dérober, que les partisans de cette dernière nous disent si, dans la Société, ils sont du côté des voleurs... Nous allons plus loin encore et nous pensons que la morale chrétienne ne repose pas uniquement, comme on l'a prétendu, sur la Charité, mais a, bien au contraire, pour assises principales la Justice dont elle applique mieux les principes que la prétendue morale moderne.

Où trouverons-nous exposés tout au long les principes de la morale chrétienne? Incontestablement dans ce livre qui, à lui seul, contient toutes les lois, tous les dogmes du Christianisme, et c'est aux paroles mêmes de Jésus-Christ que nous demanderons l'éclaircissement nécessaire. Or il suffit de lire le discours sur la montagne pour savoir que si, dans les divins enseignements de l'homme-Dieu, la charité tient une large place, une plus large encore est accordée à la Justice, c'est la morale chrétienne qui seule connaît, en effet, la maxime toute divine du pardon, mais c'est elle seule aussi qui sait lever les masques de l'hypocrisie et atteindre le vice sous toutes les formes qu'il revêt.

Les mêmes penseurs, qui ont porté sur la morale chrétienne une main sacrilège et en sont arrivés à prouver précisément le contraire de leurs assertions, ont encore ajouté que le Christianisme ravalait la femme ou, tout au moins, pour nous servir des expressions propres à M. Vacherot, que la *femme chrétienne* était inférieure à la *femme moderne.*

Ici encore, qu'est-ce donc que la femme moderne, sinon la femme telle que le Christianisme l'a transformée et façonnée? Faut-il en chercher le type dans la femme qui abandonne les préceptes de l'Evangile et s'adonne aux plaisirs, c'est-à-dire devient le jouet des passions de l'homme; est-ce enfin la prostituée que l'on oppose à la vierge? Ici encore, nous acceptons la différence; ici encore nous nous demandons si le philosophe qui a parlé ainsi est un sensualiste..... Il n'en est rien : il a donc tort de se laisser égarer par des mots et de trompeuses apparences.

Cette opinion, toutefois, qui tend à croire à la dégradation de la femme par le Christianisme n'est pas sans avoir fait de nombreuses dupes dans les rangs du peuple ignorant.

Les catholiques sont, il est vrai, opposés à ce que l'on nomme dans un langage trompeur : l'émancipation de la femme, car cette émancipation, telle qu'on l'entend, est encore une des formes de la révolte révolutionnaire. Dieu a dit à la femme : « Tu seras soumise à ton mari. » et au XIXe siècle l'on dit : brisons ces entraves ridicules, plus de soumission.

Les anciennes lois de la monarchie française avaient décrété que jamais une femme ne commanderait au peuple français. D'autres nations n'ont pas pensé qu'il était inutile de créer entre les deux sexes une semblable ligne de démarcation; nous n'avons pas à nous inquiéter des résultats politiques qu'à produit cette législation; remarquons seulement qu'en France l'expérience a prouvé que la « LOI SALIQUE » était une loi sage. Toutes les fois que les femmes se sont glissées au pouvoir sous la forme de *la régence*, la dignité de la nation en a souffert.

Le Christianisme n'a pas affranchi la femme du servage que Dieu lui a imposé; mais il a rendu ce servage aussi doux que possible. La nature elle-même, d'ailleurs, impose à la femme un rôle plus passif qu'actif; réclamer qu'elle sorte de ce rôle passif, c'est tout simplement une utopie, c'est rêver le renversement de l'ordre des choses.

Si le Christianisme, en principe, a maintenu la femme dans la condition d'infériorité, où elle se trouve naturellement, il lui a, en fait, conféré une supériorité qui ne manque ni de charme ni de noblesse. Jusqu'alors la femme n'était guère que l'instrument des jouissances brutales de l'homme. Le Christianisme l'a élevée, l'a idéalisée, en quelque sorte... Qui donc contestera à la Chevalerie française sa noblesse et sa grandeur?

Il est vrai, que pour le chrétien, l'état de virginité est un état supérieur à l'état de mariage, et l'on semble faire de ce fait un crime à l'église catholique. Que l'on remarque donc d'abord que l'église n'a pas pour le mariage le dédain qu'on lui prête, puisqu'elle en fait un de ses principaux sacrements. Le Christianisme, montre, il est vrai, la virginité comme un idéal, auquel peuvent seules atteindre quelques âmes d'élite. Qui, après tout, soutiendra que, dans la lutte entre la chair et l'esprit, la victoire de ce dernier ne soit pas digne d'éloges? et qu'est-ce que la virginité sinon la victoire la plus complète de l'esprit sur la chair?

Le mariage reconnu nécessaire, indispensable par l'Eglise, est fort loin d'être blâmé. Nulle part on ne contraint la femme catholique à embrasser l'état de virginité.

Lorsque Jésus vint visiter Marthe et Marie, l'une d'elles vaqua aux occupations de la maison, tandis que l'autre resta à s'entretenir avec le Sauveur, tandis que la première s'étonnait que sa sœur ne l'aidât point, Jésus lui fit observer qu'elle avait choisi la plus belle part... De même qu'il était nécessaire que le repas fut préparé, quand Jésus se rendit chez Marthe et Marie et que l'une des deux s'occupa du soin domestique, de même il est nécessaire que toutes les femmes n'embrassent pas l'état de virginité, Jésus cependant n'hésite pas à approuver celle qui a préféré s'entretenir avec lui.

Ne disons pas trop de mal du couvent. Que de crime peut-être il a évité. Il est en effet des femmes dont l'imagination quelque peu vagabonde et exaltée les pousse dans de criminelles voies. Passion pour passion, ne vaut-il pas mieux la passion de la croix que la passion de la chair? Qui peut assurer que beaucoup de jeunes filles ayant franchi le seuil du Couvent n'eussent pas fait le pas fatal qui conduit au vice...et n'eussent pas apporté dans la débauche la même ardeur que dans la pratique des choses saintes. Il est des esprits amis des extrêmes; l'extrême vertu pour ceux-là est encore préférable au vice extrême, la continence à la débauche.

Nous ne voudrions pas, d'ailleurs, établir un paralèlle entre ce que le Christianisme a fait pour la femme et le rôle que les théories perverses du siècle ont joué dans la démoralisation et la dépravation des femmes du XIXe siècle.

S'il y a quelque amélioration à faire encore de ce côté, si le moraliste ne peut sans trembler examiner les plaies de notre société, le Christianisme seul peut encore effectuer cette transformation.

Seul le Christianisme, à la fille perdue, à la prostituée, offre encore ses consolations. Le siècle n'a pour elle que mépris et opprobre. Le Christianisme lui montre Magdeleine repentante et la convie à venir, enfant retrouvée, dans les bras de Jésus.

Seul le Christianisme flétrit, comme elle doit l'être, cette traîte infâme du sexe faible, commerce infernal pratiqué par les Juifs et les bas fonds d'une société pourrie, sous le regard vigilant du pouvoir approbateur.

Seul le Christianisme condamne toute atteinte portée à la liberté d'un être humain et quand cet être est une femme que l'on jette dans un gouffre de boue, désormais condamnée à vivre et à mourir dans une complète bestialité, d'où elle ne pourra jamais sortir, le Christianisme, au nom de dix-huit siècles de liberté, anathémise les coupables de ces forfaits et, seul, il offre à la femme dégradée les moyens de se relever sans risquer de tomber plus bas encore.

Nous n'insisterons pas. Nous pourrions, à l'appui de notre dire, indiquer les œuvres qu'à fait surgir cette salutaire pensée, tous nos lecteurs les connaissent !... Le jour viendra, espérons-le, où le Christianisme aura complètement aboli cet état dégradant de la femme soumise aux caprices de l'homme, mais ce ne sont pas les théories sensualistes du siècle qui peuvent accomplir ce miracle, car nous ne savons pas que le sensualisme puisse, d'une part développer les vertus indispensables à la femme pour ne pas succomber et, d'autre part, les qualités chevaleresques qui ordonnent à l'homme de ne pas jouer le rôle de séducteur.

Dira-t-on que le Christianisme a ravalé la femme, tandis que l'on a vu, au moyen-âge, l'un des plus grands ordres religieux reconnaître une abesse comme supérieure et s'incliner sous son autorité.

L'on cite, il est vrai, l'étrange question posée à un Concile par l'un des assistants qui demanda si l'on pouvait reconnaître à la femme une âme égale à celle de l'homme, et l'on s'indigne fort judicieusement, d'ailleurs.

Mais le fait est contestable, car ce dire rapporté par des critiques anti-catholiques n'a pas été confirmé par les relations du Concile. Quand bien même, en outre, cela serait vrai, que faudrait-il en conclure? sinon que dans le concile en question il se trouva des esprits qui, égarés par un faux mysticisme, se laissèrent aller à des doctrines presque ridicules. Quelque soit la haute valeur que l'on accorde au personnage qui a émis cette proposition, personnage trop frappé sans doute de la perversité de certaines femmes de son temps, l'on ne peut conclure à l'opinion générale de l'Eglise ! nulle part nous ne voyons semblable théorie être approuvée.

Pour prouver à ceux qui ravalent la femme chrétienne combien leurs jugements sont erronés, il nous suffira d'examiner, d'un côté la situation de la femme dans les régions rebelles jusqu'à ce jour à la civilisation chrétienne, et, d'autre part, ce que font de la femme les philosophes matérialistes contemporains.

Chez les mahométans, la femme est une marchandise. Le fidèle achète sa femme comme du bétail, la traite en bête de somme, en tire tout le travail manuel possible à l'aide du bâton, la laisse en compagnie des ses *autres femmes* abruties. Les femmes musulmannes sont abandonnées à la nature et souvent à l'oisiveté ; elles ne servent à rien, ni ne font rien. Chez les Maures, il n'existe même aucun établissement d'instruction ou d'éducation féminine. La femme, soumise à une semblable condition, est donc uniquement un être servant aux plaisirs charnels de l'homme, rien de plus.

Quant à la femme juive, l'on ne sait que trop quel est son triste état d'abaissement. La femme est un des objets sur lesquels les juifs trafiquent le plus mercantilement ; ils font, sur les malheureuses qu'ils livrent, la hausse ou la baisse tout comme sur les cotons ou les blés. A dix ou quinze ans, la femme juive se prostitue, à cinquante ans, elle devient proxénète ; tel est son rôle dans la Société. Si la race juive a été contrainte de se soumettre, en apparence, aux mœurs des nations chrétiennes, ses citoyens répandus sur toute la surface du globe n'en continuent pas moins leur commerce honteux... Toute pudeur et tout respect pour la femme ont abandonné les Hébreux, le jour où, déchirant leurs prophéties, ils se sont révolté contre Dieu et n'ont pas craint de baver sur la plus sainte des femmes, sur la mère de ce Messie promis qu'ils n'ont pas voulu reconnaitre.

L'on dira, peut-être, que l'on ne conteste pas les progrès de la civilisation chrétienne, mais qu'au-dessus de ce Christianisme, qui est une doctrine aujourd'hui surannée, il y a la philosophie progressiste dont les seules bases sont la raison et le bon sens humains.

Considérons donc les utopies des penseurs qui, au XIXe siècle, faisant l'application des conséquences de leur théorie plus ou moins sensualiste, ont voulu substituer au progrès chrétien un progrès soi-disant moderne. Voyons en quel terme ils parlent de la femme, quel est pour eux le type idéal de cet être, sur lequel l'on a tant disserté depuis Platon et Aristote jusqu'à nos jours, et devant lequel les hommes ont fléchi le genou en une mystique adoration ou qu'ils ont traité en esclave digne tout au plus de s'asseoir à leurs pieds, selon qu'ils voyaient en lui une créature supérieure ou un instrument servile de leurs brutales passions.

Selon Saint-Simon, les deux sexes sont égaux. Leur réunion forment le couple, qui est l'être humain proprement dit, car, sans l'un ou l'autre des deux individus du couple, l'individu social, l'être humain n'existe pas. Aussi dans le culte Saint-Simonien, le grand prêtre est-il un couple.

Les disciples de Saint-Simon tirèrent de cette thèse des conclusions diverses. Pour Enfantin, les êtres humains sont partagés en deux classes : les mobiles et les immobiles. Les uns sont doués de la faculté des affections vives et passagères ; ils éprouvent le besoin du changement. Les autres possèdent, au contraire, la faculté des affections profondes et durables, ils ont besoin de fixité.

Ces deux classes d'individus, qui se distinguent aussi profondément par leurs manières de comprendre l'amour, sont approuvées et approuvables dans leur instabilité ou dans leur fidélité. L'on conviendra que c'est une bizarre et surtout peu morale manière d'expliquer le vice et la vertu que d'en faire une affaire de tempérammment ; et dans cette conception que devient la femme ? Le mariage, cela va sans dire, est aboli, la femme ne possède plus ni pudeur ni chasteté, c'est le retour à l'état sauvage ; et la femme dans un tel système ne pourra plus être qu'une créature inférieure à peu près comme chez les Arabes et les Maures que l'on prendra aujourd'hui et que l'on renverra demain, si elle a cessé de plaire.

Aussi Bazard appela-t-il avec raison la doctrine d'Énfantin » une conception de promiscuité. » Mais pour avoir voulu tirer de la doctrine de Saint-Simon des conséquences moins immorales, Bazard est tombé dans les contradictions. Il a abouti à la théorie de l'asservissement de la femme par l'homme.

Quant à Fourier, il réclame à grands cris l'asservissement de la femme. Comme celles d'Enfantin, ses théories, sans être aussi absurdes, aboutissent au plus vulgaire sensualisme.

Mais il est une école philosophique plus sérieuse que les écoles sensualistes dont les utopies sont tombées dans le ridicule.

Auguste Comte, sous le nom de Positivisme, a inauguré un système de philosophie matérialiste qui, durant un certain temps, a été en grand honneur et a compté de brillants disciples.

Pour être logique avec ses théories, Aug. Comte devrait, peut-être, en ce qui concerne le sexe faible et ses rapports avec le sexe fort, adopter des conclusions semblables à celles des Saint-Simoniens. Il n'en est rien. Mais Auguste Comte tombe dans l'extrême contraire en ce qu'il met la femme dans une condition de dépendance beaucoup trop étroite. Voilà donc ce que fait le progrès moderne ; loin de proclamer l'indépendance de la femme, le matérialisme resserre les liens que l'on reproche au Christianisme d'avoir noué.

Nous n'examinerons pas la conception de la Vierge-Mère. En lisant les pages où le Chef du positivisme expose son *utopie* sur un sujet aussi délicat, l'on se sent, de prime abord, séduit par les pensées élevées qui s'y font jour et aussi quelque peu par le caractère noble dont l'auteur sait revêtir la théorie. En considérant de plus près toutes choses, l'on ne manque pas de remarquer bientôt qu'un sentiment de répulsion vient remplacer l'admiration du premier instant. L'utopie de la Vierge-Mère, dont la réalisation serait impossible est plus qu'illusoire car elle est profondément immorale et nous ne voyons pas ce que l'on gagnerait à remplacer la Nature en ce qu'elle a fait de plus beau. Nous risquerions de scandaliser nos lecteurs en donnant sur un sujet semblable de plus amples détails; nous nous bornerons à leur conseiller de lire Auguste Comte pour y trouver les renseignements désirés. *Admissi spectatum, amici, risum teneatis.*

La philosophie n'a donc pas autant élevé la femme qu'on veut bien le dire. La femme moderne, en ce qu'elle a de beau, de suave, de délicat, n'est autre que la femme chrétienne.

Quant à l'émancipation du sexe, ce n'est qu'un rêve. La femme est suffisamment émancipée; si elle est sous la protection et sous la tutelle de l'homme, c'est que la Nature l'a ainsi voulu. La conséquence naturelle et forcée de ce que l'on nomme l'égalité des sexes serait une promiscuité dégradante et infâmante. Nous pensons qu'il est préférable de ne pas faire semblable rêve. La seule créature, d'ailleurs, que la question intéresse directement, la femme, n'a jamais recherché cette *émancipation* pour laquelle de prétendus moralistes se creusent le cerveau. En vain forme-t-on des ligues dont les membres sont recrutés parmi les femmes de toutes les conditions sociales. Jusqu'à ce jour, les adhérentes sont fort peu nombreuses. Rien ne fait prévoir qu'elles le doivent être jamais ; c'est avec le plus profond dédain que sont accueillis ces appels révolutionnaires d'un nouveau genre. Ce n'est, certes, guère l'heure de venir nous parler des bienfaits du siècle envers la femme, alors que chaque jour de vastes manufactures, protégées par l'Etat, ouvrent leurs portes à des milliers de malheureuses qui trouvent dans ces milieux infects la perversité la plus noire et l'étiolement, préparant à la Patrie et à l'Humanité des êtres informes, sans vie, sans souffle, augmentant dans des proportions effrayantes le monde interloque qui semble faire tache dans notre civilisation raffinée. La place de la femme est au foyer domestique ; elle est près du berceau de ses enfants ; elle est au chevet de son époux. C'est ce que veut, c'est ce qu'ordonne le Christianisme. C'est ce que la Morale indépendante n'obtiendra jamais, elle ne peut engendrer que l'égoïsme et non le dévouement. Elle conduit la femme d'étapes en étapes jusqu'à la prostitution, cette plaie désolante de la société moderne, contre laquelle le Christianisme ne cesse de lutter et qui paraît être un des derniers vestiges de la barbarie.

La morale indépendante, pas plus en ce qui concerne la femme en particulier qu'en ce qui regarde l'humanité en général, ne peut donc atténuer les souffrances physiques et morales des individus.

La morale indépendante, sous quel nom qu'elle se cache, n'a de puissance que pour engendrer le vice.

Nous concluerons encore que c'est au Christianisme, au Christianisme de la Tradition, exempt de toute compromission, de toute fausse interprétation, à atténuer les effets funestes de la morale indépendante.

Le Prêtre, objet, nous l'avons vu, de toutes les haines révolutionnaires, a, non seulement le devoir de remplir ses fonctions divines, il en a un autre non moins sacré, non moins solennel, qui consiste à éteindre les haines, à raviver l'amour fraternel.

CHAPITRE VIII

DU RÔLE DU PRÊTRE DANS LA SOCIÉTÉ MODERNE

Dans l'ancienne société, sous ce que l'on nomme : l'*Ancien Régime*, l'Eglise, en tant que corps constitué, formait une caste privilégiée; sa situation politique l'obligeait, par conséquent, à certaines règles d'étiquette et à des airs de grandeur dont la Révolution de 1789 l'a heureusement débarrassé. Il semblait alors que le prêtre, loin d'être le père du pauvre, du malheureux, du serf, était son oppresseur. Aussi a-t-on fait de cette situation un épouvantail aux yeux du peuple. Le peuple a cru que le clergé, dépouillé aujourd'hui de sa situation politique, ne demandait qu'à revenir à l'état de choses ancien qui lui était si favorable.

Des hommes, en outre, dans le clergé même, ont prêté à entretenir ces préjugés. De vieilles traditions, qui n'ont d'autre importance que de choquer des oreilles qui veulent bien entendre le langage du XIXe siècle, non celui du XVme, de vieilles traditions peu conformes à l'esprit moderne ont été maintenues. De vieilles formules, qui aigrissent l'esprit moderne, ont fourni des armes au sarcasme et servi de preuves aux assertions absurdes de ceux qui prétendent que le Catholicisme veut rayer de l'histoire les faits accomplis. Pour être impartial, il faut reconnaître que beaucoup de membres de l'Eglise ont caressé ce rêve, mais leurs voix n'ont pas eu d'échos ; l'Eglise a toujours dirigé le mouvement sagement libéral, comme elle a toujours condamné les errements, les écarts et la licence.

Le Clergé, comme corps constitué, ne saurait jouir d'aucun privilège. Sans doute, nous réclamons pour ses membres une large part de liberté, nous réclamons qu'ils puissent exercer leurs droits de citoyens, mais non en dehors du droit commun. Les fonctions du prêtre lui intrerdisent, d'ailleurs, certaines participations trop actives dans les luttes politiques, de même que toute ingérence belliqueuse dans les guerres sanguinaires, car il doit se souvenir qu'il est avant tout le ministre du Dieu d'amour et que nulle pensée haineuse ne doit souiller ni son cœur ni son intelligence. En dehors de ces exceptions forcées l'Eglise ne doit pas former dans l'Etat un corps spécial politique et social ; le prêtre, investi spirituellement d'un droit supérieur, n'a pas à exercer ce droit temporellement. Si, d'ailleurs vous le mettez au-dessus d'une certaine catégorie de citoyens, si vous lui donnez une place dans votre société, si, par ce seul fait qu'il représente Dieu, vous avez la louable pensée qu'il ne peut vivre dominé par les autres hommes et que, ne relevant que du Très-Haut en tant que prêtre, il ne peut, en tant que citoyen, être assujetti à une passive obéissance, si, disons-nous, vous faites ces judicieuses réflexions, c'est alors la première place qu'il peut seule occuper avec dignité ; car le seigneur, pas plus que l'ouvrier ou le bourgeois n'ont le droit de le commander.

Ce rêve théocratique a, il faut d'ailleurs

l'avouer, hanté l'esprit d'un certain nombre de défenseurs de la Vérité, qui ont même travaillé à sa réalisation. Par malheur, c'était une grande faute. Sans doute, l'Etat parfait serait celui où tous les hommes, rangés sous la bannière de la Croix, conformeraient leur conduite aux préceptes strictement observés de Jésus-Christ, et où il n'y aurait d'autres lois que les commandements du Décalogue. L'on peut saluer dans l'avenir l'Etat chrétien ainsi constitué. L'extinction plus ou moins complète des grands schismes, la rareté de plus en plus remarquable des adeptes des hérésies anciennes et modernes, la conversion chaque jour croissante des égarés du positivisme et de la libre-pensée fait prévoir qu'un jour viendra, prochain peut-être, où tous les hommes reconnaîtront comme chef spirituel incontesté et incontestable le vénérable pasteur de Rome. Qui donc alors pourra empêcher les nations de le reconnaître comme chef temporel, leurs souverains de se considérer comme ses lieutenants? Ce sera l'extinction du pouvoir civil au profit du pouvoir religieux, et cela ne pourra, en vérité, avoir que d'heureuses influences sur les mœurs et amener d'excellents résultats. Mais aujourd'hui, il n'en est pas ainsi. L'établissement d'un système théocratique est rendu impossible par la non unanimité des peuples à reconnaître le Souverain Pontife comme chef de conscience.

Vouloir établir un gouvernement fondé sur ce principe équivaut à désirer une implacable tyrannie, car si les catholiques ont le droit de réclamer avec raison la liberté pour eux, c'est à la condition de l'octroyer à ceux qui ne pensent pas comme eux.

Aussi les hommes de la Révolution prennent-ils avec joie ces armes qu'on leur présente en se montrant intolérants. Leur œuvre impie et infâme se retourne, d'ailleurs, contre eux-mêmes. L'Eglise catholique, tout en gardant pieusement ses principes, sait se mettre d'accord avec tous les vrais progrès, répondant aux besoins de toutes les Sociétés, et les membres du Clergé revêtir toutes les formes nécessaires à leur ministère.

En traversant et en visitant nos grandes villes, le voyageur est frappé du nombre de ces monuments gothiques en ruine, parfois restaurés et servant ici d'écoles, ailleurs de loge maçonnique, ou bien encore de théâtre; le nom d'une place, d'une rue a conservé la tradition de la destination primitive de cet édifice. C'était un couvent de Jacobins, de Franciscains une abbaye de Bénédictins. Là, jadis, dans les vastes nefs du temple, les foules accouraient, attirées par les cérémonies brillantes des moines.

Aujourd'hui, tout est changé, le Bénédictin fuit dans les déserts. Dans les rues de Paris, l'on ne rencontre que rarement un de ces religieux, vêtus d'une robe de bure, qu'un grand manteau voile aux yeux de la multitude. Lacordaire, en rétablissant en France les anciens Jacobins, eut l'habileté de leur donner une tournure toute moderne, qui les a en quelque sorte réconciliés avec le siècle; ses successeurs ont eu le rare bonheur et la sagesse de mettre la main sur des orateurs de premier ordre, qui ne sont pas sans jeter quelque éclat sur ces nobles ressuscités. Malgré tous ces avantages, le Dominicain reste isolé dans son couvent désert, de modestes oratoires ont remplacé les vastes temples d'autrefois.

Il est vrai qu'à côté des anciens ordres monastiques, il s'est fondé des congrégations dont le but est de pénétrer dans toutes les classes de la société, de rompre, à cet effet, avec les austérités des anciens moines, et d'enseigner au peuple la vérité. « Enseigner la vérité, » tel a été le mot d'ordre de ces sociétés nouvelles, et, pour y parvenir, leurs membres ont ouvert partout des écoles, créé des collèges, s'adressant plus spécialement à la jeunesse, car ils ont compris que l'homme est presque toujours parvenu à l'âge mûr, ce qu'il était enfant, que les mêmes penchants, qui se sont manifestés à dix ans, se manifestent à trente, que les mêmes vices et les mêmes vertus se remarquent. Parmi ces congrégations il en est une surtout qui est devenue particulièrement célèbre. Son titre même simple et quelque peu mystique, exempt de prétention, semblait la devoir mettre à l'abri de toute jalousie, de toute accusation d'ambition. La règle assez large en facilite l'entrée à quiconque veut servir l'Eglise en étant utile à l'humanité. Aucun costume particulier n'est imposé, et si le membre de la Société de Jésus doit être pauvre, il ne lui est pas ordonné de faire parade de cette pauvreté. Les Jésuites sont peut-être les seuls clercs réguliers dont les mœurs n'ont jamais prêtées sujet à critique, dont la règle ne fut jamais relâchée.

Jamais cependant réunion d'hommes ne rencontra sur son chemin plus d'ennemis, jamais plus de haine ne fut déchaînée contre une société; et non seulement une haine passagère, mais une haine, qui semble éternelle, la poursuit sans relâche.

Jamais non plus, l'on ne vit des hommes plus résolus à défendre pied à pied le sol de leur liberté, jamais, dans l'histoire des peuples, population, secte ou religion n'opposa à la persécution un plus profond mépris et une résistance plus vaillante. Partout et toujours traqués, partout et toujours victorieux, telle est la vie des sociétaires de Jésus. Qu'on les expulse, que l'on ferme leurs collèges, toujours et quand même ils resteront sur le sol de la patrie ingrate, toujours et quand même les collèges resteront sous leur direction; il s'est même trouvé un pape capable de dissoudre la Compagnie de Jésus; dix ans après, l'illustre Société comptait à son rétablissement plus de membres qu'auparavant!

La Révolution aura beau persécuter le Jésuite, le Jésuite vaincra la Révolution. Il vaincra la Révolution comme il a vaincu l'ancienne monarchie, comme il a vaincu le protestantisme, comme il a vaincu le clergé constitutionnel.

Alors que le clergé démoralisé n'offrait plus au monde qu'un spectacle indigne de ses fonctions et de sa divine mission, alors que la licence s'introduisait dans les couvents, et avec elle bien souvent les vices les plus honteux, le Jésuite, toujours immuable dans sa règle de conduite, rencontra des ennemis implacables, même dans ses coréligionnaires ; il sauva néanmoins le prestige de l'Eglise, comme plus tard il devait sauver sa liberté et son enseignement.

Les ordres religieux, mais plus particulièrement la société de Jésus, sont appelés, sans doute, à sauver l'Eglise des périls menaçants où elle peut se trouver.

C'est dans les ordres religieux que se sont toujours réfugiées les vertus. Au dix-neuvième siècle, plus que jamais, le cloître est devenu l'abri de la vertu, car l'intérêt aujourd'hui ne saurait plus guider le jeune profès et les seuls bénéfices des abbayes, des priorés ou des provincialats sont, pour la plupart du temps, des embarras de toute nature.

Tout autre, il faut le reconnaître, est la

condition du clergé séculier. Fort souvent, trop souvent pour la divinité de l'Eglise et la sainteté de ses membres, l'on voit de jeunes clercs entrer dans les ordres avec une bien faible vocation, n'ayant comme vertus que celles qui sont utiles à ce que l'on nomme : la *réussite*, dans le monde, sachant fort bien compter, fort peu donner! songeant beaucoup plus à trouver dans l'état ecclésiastique un moyen d'existence tranquille, exempt des vicissitudes de la vie du monde. Puis, même aux yeux des plus incrédules, des plus ignorants, des plus mortels ennemis du catholicisme, le prêtre conserve un certain prestige qui le distingue, et qui n'est pas à dédaigner. Pour peu que quelque talent le fasse remarquer ou qu'une certaine habileté dispose en sa faveur l'autorité, il parvient vicaire, puis curé de grande ville, n'ayant aucunement connaissance ni des besoins du pauvre, ni des vices du riche, ne se rendant qu'un compte imparfait des devoirs de sa charge; le clerc pensera plus à bien vivre qu'à accomplir sa délicate mission. La pauvreté, à ses yeux, sera vice et cette vertu du cloître sera parfaitement ignorée de lui.

Que le clergé français réforme donc son esprit, qu'il prêche non seulement de paroles, mais aussi d'exemples, que ses membres se souviennent que Dieu seul les a faits ce qu'ils sont; s'ils sortent d'une famille illustre, qu'ils songent que leur devoir est de s'abaisser, comme chrétiens d'abord, puis comme prêtres surtout, à ces infiniment petits que les siens, peut-être, ont méprisés et outragés, et qu'il doit lui apporter toutes les consolations qu'un père est capable de trouver pour soulager le cœur de ses enfants. S'il est né de parents pauvres, cultivateurs ou ouvriers, le devoir du clerc n'est-il pas, loin de s'enorgueillir de s'être élevé aux yeux de la société, d'approcher de plus près de la classe populaire qui lui a donné le jour.

Quand le clergé comprendra vraiment son rôle, il y aura, croyons-nous, un grand pas de fait dans l'œuvre de la démoralisation sociale; car, ce jour-là, le peuple, voyant enfin combien étaient infâmes et criminelles les calomnies, dont on abreuvait les ministres du Seigneur, ouvrira les yeux à la lumière. Il reviendra à la religion qu'il a abandonnée et, par là-même, aux principes qui en découlent, il reconnaîtra que les tribuns de la Révolution, que les sectateurs le trompent depuis un siècle, comme l'ont trompé les prétendus réformés et les hérésiarques des temps passés.....

Au XIe siècle, le ciel suscita Dominique pour sauver la France, menacée par les Albigeois. Il suscita plus tard Ignace de Loyola pour abattre le protestantisme. Mais il n'est pas de trop de tous les efforts des catholiques pour sauver l'antique Gaule des périls nouveaux qui la menacent. Si, parmi les combattants de la plume, de la parole et de l'action, les anciens ordres monastiques et les congrégations nouvelles doivent tenir une noble place, le clergé séculier ne doit pas non plus oublier que son organisation même, lui permettant d'approcher de plus près des enfants du peuple, c'est sur eux qu'il doit concentrer tout le zèle qui l'anime.

Que les membres du clergé se montrent fidèles observateurs de leurs devoirs, qu'ils aient pour le pauvre une charité sans bornes. Il fut un temps où il suffisait de mourir pour affirmer la vérité de la foi : le sang, en jaillissant sur les bourreaux, semblait donner un lugubre et solennel baptême aux foules spectatrices qui, dans leur barbarie pleine de bon sens, ne pouvaient admettre que des hommes sans conviction allassent à la mort dans la seule pensée de se moqner de leurs semblables ; leurs railleries cyniques s'arrêtaient soudain devant l'héroïsme, quand elles voyaient clairement que l'héroïsme devait avoir pour le soutenir une puissance plus élevée que toute force humaine. Le progrès moderne de la pensée, ou plutôt les sophismes qui, vieux comme le monde, se rajeunissent aisément au moyen de phrases pompeuses, expliquent et la mort et l'héroïsme par des causes physiques et physiologiques. Il est vrai que ceux qui, tranquillement assis dans un fauteuil au coin du feu, débitent ces sornettes, se gardent bien de se donner en exemple. Toutefois, l'effet est produit, et, comme pour donner un démenti solennel au faux progrès, le spectacle de la mort est redevenu, comme au temps des cirques romains, un spectacle à la mode ; et d'où que sorte la victime, les masses abruties qui la contemplent semblent avoir cette joie féroce que manifeste le boucher, en aiguisant son couteau avant de donner à l'animal, dont la chair doit ornementer la devanture de sa boutique, le coup fatal qui doit lui ravir la vie. Non, il ne suffit plus de mourir. Aujourd'hui, il faut vivre et vaincre. Pour vaincre il faut ramasser les armes que les adversaires de nos doctrines emploient si habilement. Il faut opposer la vérité au mensonge, ne redouter ni les luttes de la plume, ni les combats de la parole. Il faut pénétrer au sein du foyer domestique, disputer corps à corps le malheureux agonisant que l'impiété et les sectes athées revendiquent comme leur bien. Il reste dans la lutte, au prêtre, une arme dont ses adversaires ne se serviront jamais, c'est l'amour, l'amour qu'il doit opposer à la haine, amour du pauvre, amour du déshérité, amour sans limites, ne connaissant ni l'intérêt ni les passions personnelles. Sur ce terrain, il ne verra pas ses armes disputées, et tôt ou tard, le peuple reconnaîtra qui l'aime comme frère et qui le flatte par intérêt.

Seul, le christianisme peut engendrer cet amour qui fait naître les petits et les grands dévouements, qui méprise les calomnies, foule aux pieds les ingratitudes.

Dans tout foyer, il y a des enfants à arracher au vice qui s'empare trop tôt de leur innocence, dans tout foyer il y a un père, homme de labeur, à soutenir dans sa lutte quotidienne, une mère à consoler des misères de son intérieur. N'est-ce pas là le rôle du prêtre?

Et quand il aura fait petit, il fera grand, quand il se sera adressé aux individus, c'est aux masses qu'il prêchera les vérités, et chacun ayant reçu de lui, aide, protection, soutien, sera prêt à écouter ses enseignements.

Il semble que ce soit là un des moyens les plus efficaces de faire pénétrer dans l'esprit du peuple, avec les vérités immuables les principes moraux qui sont écrits tout au long dans ce livre divin, qu'une pensée humaine, si haute fut-elle, n'eut jamais pu engendrer.

Prêtres du Dieu vivant, à l'œuvre donc, vous faites beaucoup déjà, faites plus encore, et les siècles chanteront votre victoire sur l'impiété.

CHAPITRE IX

L'ÉCOLE ÉCONOMISTE ET LA QUESTION SOCIALE

Les principes moraux suffisent-ils à améliorer les masses? suffit-il de prêcher de paroles et d'exemples pour résoudre cette fameuse question sociale que l'on a tour à tour niée ou exagérée, selon que l'intérêt du moment exigeait des politiciens cette négation ou cette exagération?

Nous croyons qu'il y a plus à faire, nous croyons qu'il y a une réforme, une révolution à accomplir dans le Monde, en faveur des classes souffrantes, de cette classe de travailleurs mercenaires pour qui toutes les révolutions n'ont jamais été qu'un leurre.

La Société, d'ailleurs, ne saurait continuer d'exister dans l'état où elle se trouve et dans une situation de lutte continuelle qui, pour être sourde, n'en est que plus vive et plus ardente.

Cependant ce ne sont pas les anarchistes violents qui pourront résoudre cette grave question.

Une école libérale d'économistes a surgi prétendant tenir en main le remède qui devait affranchir les classes ouvrières et donner à tous vie et bien-être. Libre concurrence, libre usure, libre échange, tels sont les trois principes économiques que l'on proclame bien haut et au nom desquels l'on veut accomplir lentement et pacifiquement une révolution, qui doit susciter des bienfaits comparables à ceux de l'âge d'or.

Les économistes ont pensé qu'il était utile, pour donner au commerce le développement rendu nécessaire, de briser tout ce qui pouvait mettre entrave dans cette voie à l'initiative privée. Les inventions modernes, le fait est indéniable, ont mis l'humanité dans des conditions d'existence toutes différentes de celles où elle se trouvait jadis; les moyens hâtifs de locomotion, de production, de fabrication ont réclamé et réclament chaque jour davantage une organisation plus vaste du commerce et de l'industrie. Quoi de plus juste, en apparence, que de laisser chacun libre de vendre telle denrée qu'il lui plaira et au prix qui lui semblera le plus profitable? L'organisation de la libre concurrence semble être un moyen certain de faire produire la meilleure quantité possible au plus bas prix possible, et c'est bien là le rêve de tous les théoriciens, plus les prix d'une denrée sont faibles, disent-ils, plus facilement les petites bourses peuvent s'en procurer l'usage. Les choses nécessaires à la vie ne feront plus défaut aux malheureux, esclaves de leurs sueurs. Et non-seulement, le prix baissera notablement, mais encore la qualité se bonifiera forcément, car il est clair que le consommateur choisira toujours le fournisseur qui lui livrera la meilleure marchandise, et tout fournisseur sera intéressé par une égale émulation à ne pas se laisser dépasser en cela par son voisin.

Il est clair, dit-on encore, que l'or est une marchandise comme une autre. Celui qui possède des bœufs et des chevaux cherche à les faire produire et à vendre les fruits de ses soins, celui qui achète une marchandise pour la vendre, la vend le plus cher possible, sans que personne ait à s'inquiéter du prix d'achat. Pourquoi donc, seul l'or ferait-il exception? pourquoi resterait-il entassé, inutile, dans les coffre-forts? que l'on organise donc aussi la libre vente de cette matière, c'est-à-dire la libre usure.

Quand au libre échange, c'est bien la liberté commerciale qui parait avoir pour elle le plus de raisons judicieuses.

Il est à remarquer que les Etats divers du monde offrent plus particulièrement telle ou telle production dans des circonstances locales; les mœurs des habitants, le terrain, etc., en facilitent l'extention dans des proportions plus vastes que nulle part ailleurs. Pour permettre aux habitants de chaque contrée de jouir des diverses productions de la terre, ainsi que des inventions différentes des peuples nombreux, il n'y a rien de mieux que d'échanger de peuple à peuple ces produits divers naturels ou travaillés. Mais dans un but de lucre, les gouvernements réclament que toute denrée exotique soit soumise à un *droit d'entrée* qui en élève naturellement le prix et en rend l'acquisition d'autant plus difficile. Supprimons donc ces charges onéreuses qui sont sans aucun profit pour le peuple, mais qui, en revanche, sont une des causes de sa misère et de ses souffrances physiques et morales. Plus de frontières commerciales! que de peuple à peuple, fraternellement, la vapeur apporte les échanges quotidiens qui doivent assurer à chacun la possession de tout ce qui peut lui procurer du bien-être.

Cette théorie de la liberté commerciale pleine et entière a déjà reçu un vaste commencement d'exécution. Faut-il le dire, hélas! les fruits que l'on en a retirés sont loin d'être aussi séduisants qu'on l'espérait. Sans croire mériter l'accusation de pessimisme, nous oserons dire que les résultats en ont même été désastreux.

La libre concurrence n'a eu d'autre effet que de permettre aux matières falsifiées ou de mauvaise nature d'envahir les marché et de donner ainsi, à un bon marché illusoire et trompeur, des objets qui ne sont que des trompe-l'œil destinés à duper ceux qui se laissent prendre aux fausses apparences. C'est donc, en définitive, l'organisation de la supercherie.

Aussi n'a-t-on jamais vu si peu de bonne foi et si peu de confiance dans les ventes et les achats.

La libre concurrence a eu un déplorable résultat, elle a ravalé tous les corps d'état, que des exploiteurs de bas étage se sont empressés, sous prétexte de concurrence, de discréditer.

Faudra-t-il que, pour n'être pas empoisonné, le consommateur prépare chaque matin son alambic, avant de prendre ses repas?

L'homme du peuple, faible apréciateur de la qualité, ira au bon marché et ce bon marché ruinera à la fois et sa bourse et sa santé.

Ruiné le petit commerçant qui ne pourra vendre au même prix que son voisin.

Quelques capitalistes détiendront donc à eux seuls le commerce. Ceux qui n'auront pas assez de capitaux pour lutter avec eux en seront réduits à se faire leurs esclaves.

Ne voyons-nous pas quotidiennement les effets désastreux que produit le commencement d'application de ces principes?

Quelles sont les causes de ces changements capricieux et immoraux de la fortune?

Les statisticiens effrayés n'osent plus enrégistrer le nombre des suicides que causent les hasards du jeu de bourse.

Le jeu de bourse! n'est-ce pas le plus immoral de tous les jeux, n'est-ce pas là l'une des productions les plus désolantes de la Démoralisation du siècle?

Peut-on accorder honneur et confiance au banquier dont les richesses s'accroissent soudain dans des proportions infinies et dans un espace de temps négligeable? N'est-ce pas comme un défi jeté au pauvre travailleur qui gagne si péniblement son pain à la sueur de son front?

L'expérience a prouvé, enfin, que le libre échange offrait tous les inconvénients de la libre concurrence.

Pour les états européens, ce serait, s'il était appliqué dans toute sa rigueur, la ruine à brève échéance pour les nations dont les marchés se verraient subitement encombrés de denrées étrangères qui, vendues à un prix infime, battraient en brèche l'industrie nationale.

Si, en principe, il parait utile d'accepter le libre échange, dans la pratique, tout au moins, il y a des tempéraments à adopter que les lieux et les circonstances doivent déterminer. Les gouvernements, dont le devoir est de veiller à la sécurité des citoyens et de leur procurer la plus grande somme de bien-être possible, peuvent seuls prendre à cet égard des mesures salutaires et efficaces.

Les partisans de cette école, d'ailleurs, ont un immense tort et font une grave erreur touchant une question primordiale d'économie politique.

Pour quiconque observe le progrès des inventions modernes, il est un point qui ne demeure pas sans exciter l'attention. Le luxe, nous l'avons, au cours de cette étude, montré plus d'une fois, le luxe, disons-nous, tend à prendre des proportions effrayantes.

Loin de s'alarmer de ces besoins toujours croissants du peuple, beaucoup ont prétendu que plus on augmenterait le luxe, plus l'état des classes laborieuses s'améliorerait.

De nombreux économistes ont soutenu cette thèse erronée, contre laquelle tant de justes objections s'élèvent.

D'abord, l'exemple nous montre que la condition des classes laborieuses ne s'améliore pas en raison directe du développement du luxe, comme on serait tenté de le croire. Les grandes Cités nous offrent, à cet égard, un spectacle concluant : c'est dans leur sein que le luxe a de plus vastes proportions, et c'est dans leur sein que les classes laborieuses sont le plus malheureuses.

Mais, outre cela, n'est-ce pas perdre le temps que de consacrer à la fabrication des objets de luxe des heures, des jours, des nuits même qui pourraient être employés plus utilement. Quand un ouvrier met des semaines pour polir un diamant, peut-on dire que ce diamant rend autant de services qu'il a proportionnellement coûté d'heures de travail. Ce temps si inutilement employé n'eut-il pas pu l'être plus utilement ?

Ne vaudrait-il pas mieux donner aux travaux des champs les heures que l'on gaspille à confectionner des objets de vaine parade ?

Est-ce que le blé, le vin, et tous les produits de la terre sont si abondants que personne n'en manque?

Bien au contraire, nous voyons journellement des malheureux souffrir du froid, n'ayant ni gite, ni vêtements, mourir de faim, faute de pain. Tant qu'il y aura des misérables manquant de ce qui est indispensable à l'existence, l'on en devra conclure que ces choses ne sont pas assez abondantes.

L'on nous objectera que les inventions modernes, les machines, par exemple, ont enlevé beaucoup de bras à l'industrie. Il faut donc que ces bras trouvent à s'occuper, quel meilleur moyen de leur trouver du travail que d'inventer une mode nouvelle ? Nous répondrons que lors même que l'ouvrier serait contraint de se reposer, de ne travailler que huit heures par jour, par exemple, le monde ne s'en trouverait pas plus mal, au contraire. La fin de l'homme ne saurait résider uniquement dans la vie matérielle ; pourquoi donc cet ouvrier, qui a des loisirs, n'emploierait-il pas quelques heures de la journée à développer son intelligence ? Loin d'en être ainsi, les heures de travail vont en augmentant ; il est des ouvriers qui travaillent douze, quatorze, seize heures par jour ; dira-t-on alors que la machine lui crée des loisirs ?

Elle lui en crée, en effet, quelquefois, mais de fort douloureux. Le luxe est capricieux, il est sujet à la mode. Or, la mode jette fréquemment sur le pavé, sans travail, des milliers d'ouvriers et d'ouvrières. Tel corps d'état dont les membres vivent, par exemple, sur la confection des dentelles, se trouvera condamné à un chômage sans espérance, parce que les grandes dames du jour ne porteront pas de dentelles. La mode est-elle à la soierie? Aussitôt les *canuts* ne lâchent plus le métier; au contraire, porte-t-on la laine de préférence; les *canuts* n'ont plus de pain.

Le luxe enfin, est immoral, injuste, car c'est opposer les jouissances aux souffrances, c'est dire au pauvre d'une ironique manière et avec un infâme déploiement de preuves que, si lui, infortuné, ne peut se procurer toutes les jouissances de l'existence, il n'en saurait être de même du riche, et que ce dernier n'a qu'à commander, l'autre qu'à obéir, c'est porter l'attentat le plus monstrueusement stupide contre les droits qu'a tout homme au respect.

Que l'on ne nous dise donc pas que le luxe est un remède à la question sociale, que l'on ne nous dise que le luxe, en fournissant une plus grande somme de travail, doit apporter, par conséquent la subsistance à un plus grand nombre de citoyens.

Non, car nous répondrons que ce travail ne

procure pas, dépensé inutilement qu'il est, du pain à ceux qui ont faim, mais seulement des plaisirs à ceux qui en sont avides.

Nous répondrons que le luxe, loin de fournir un remède efficace à la résolution de la question sociale, tend à rendre plus vives les plaies qui la suscitent.

Nous répondrons que le luxe engendre la haine et le mépris, que le luxe fait des envieux, que le luxe creuse chaque jour plus profond le gouffre qui sépare les deux classes distinctes de la société.

Nous répondrons que toute dépense de travail inutile est nuisible, que toute dépense de travail qui ne doit pas fournir, en revanche, un objet dont la nécessité contrebalance le temps employé à sa confection, est inutile. Or, un morceau de diamant vaut-il bien réellement le temps et les efforts qu'il nécessite. Qu'est-ce qu'un diamant, sinon l'objet le plus inutile, le plus vulgaire auquel la rareté seule a donné du prix!

Que l'on parcoure le monde et que l'on dise quels sont aujourd'hui encore les peuples qui, dans l'ensemble, sont les plus heureux. L'on verra si ce sont ceux dont le développement effrené d'un luxe stupéfiant étonne l'Univers.

Les Norwégiens et les habitants des cantons alpestres de la Suisse vivent heureux, et plus heureux que les populations des grandes cités.

Oh ! certes, que l'on ne nous accuse pas de rêver pour notre Patrie un rôle effacé ! S'il est quelqu'un qui lui souhaite des destinées glorieuses, c'est bien nous. Mais, c'est précisément parce que nous voulons la voir traverser les siècles, insouciante des tempêtes et des catastrophes, que nous demandons, non pas de ses citoyens une austérité de spartiates, mais seulement que l'on arrête le char de la corruption qui conduit droit à l'abîme ceux qui se confient à sa course folle.

Les économistes, d'ailleurs, malgré toute leur bonne volonté, ne voient pas où se trouve le vrai mal et, par conséquent, ne peuvent apercevoir le remède. Ils ne comprennent pas que, pour que leurs efforts puissent porter des fruits durables, il faut, avant tout, améliorer les membres de la société qui, depuis les plus grands jusqu'aux plus infimes, se roulent dans la boue et s'y complaisent.

Ce n'est pas d'ailleurs, devant un bureau les pieds au coin du feu que l'on peut, en dégustant une tasse de thé arrosée de rhum de la Jamaïque, et en regrettant que les droits de douane augmentent le prix de ces agréables liqueurs, ce n'est pas ainsi, disons-nous, qu'il est possible de juger des besoins des peuples.

C'est en vivant au milieu des classes ouvrières, et en s'approchant des classes supérieures que l'on examine les besoins des uns et des autres.

Ce n'est pas par un raisonnement subtil et mathématique, fondé sur des principes que l'on accepte comme évidents, que l'on résoudra des questions complexes.

Il manque aux économistes un juste point de départ. Le peuple ne souffre que parce qu'il est démoralisé, et, que l'on nous pardonne ce cercle vicieux, s'il est démoralisé, c'est parce qu'il souffre. La question morale et la question sociale s'appellent l'une l'autre.

Les économistes qui, la plupart du temps, sont des penseurs assidus et désintéressés, pleins de dévouement et de talent, ont tort de trop sacrifier aux tendances sensualistes du siècle.

Sans être ni athées ni matérialistes, animés des meilleures intentions, ennemis des sectaires, ils ne savent pas se dégager résolument du milieu où ils se trouvent. Ils prennent pour le progrès ce qui n'en est que la parodie. Sans le savoir, ils se font eux-mêmes les avant-coureurs de doctrines qu'ils réprouvent ; sans le savoir, ils creusent toujours plus profond le gouffre qu'ils espéraient combler.

Si aujourd'hui nous souffrons, c'est un peu aux économistes que nous le devons.

Leur erreur est de croire que l'on peut constituer une société, abstraction faite de tout sentiment religieux. Elle est de croire surtout, que par ses seules forces, l'homme peut faire régner la justice.

Il faut, comme nous l'avons dit dès le début de cette imparfaite étude, il faut une puissance plus haute qu'aucune puissance terrestre. Seule, l'intervention de la Providence peut sauver la Société, seule l'intervention divine peut encore être assez forte pour se mettre entre les deux combattants de l'heure présente, entre le capitaliste et le prolétaire.

Mais quand nous parlons d'intervention divine, cela signifie-t-il qu'oisifs nous devons attendre un de ces miracles qui sauvent les nations presque malgré elles. Certes non. Dieu, d'ailleurs, a donné aux hommes la force nécessaire pour vaincre et résoudre toutes les questions graves qui se peuvent présenter dans la suite des Siècles, cette force, c'est le Christianisme.

Le Christianisme renferme dans son sein tous les principes nécessaires pour régler les questions les plus diverses et les plus complexes.

Les hordes barbares envahissent-elles les Etats sous des prétextes futils? Le Christianisme se fait alors le défenseur de la liberté et de la propriété individuelle.

Las de supporter son joug, le serviteur est-il disposé à se révolter contre son maître ? Le Christianisme lui enseigne la résignation.

Mais, en même temps, il enseigne au maître que celui qui le sert étant homme comme lui, comme lui a droit à la liberté, au respect de la personne humaine.

Ennemi des fortes commotions, le Christianisme change l'esclavage en servage, le servage en pure domesticité.

Le Christianisme, croyons-nous, fera plus encore. Il n'a pas dit son dernier mot dans le monde. Plus que jamais ses chefs doivent se souvenir du caractère *démocratique* que son chef lui a donné.

Il s'est fondé voici quelques années une école à la fois religieuse et économique dont tous les efforts tendent à restaurer en France les anciennes corporations.

Cette école a l'honneur de voir à sa tête un homme d'un talent incontestable, d'une éloquence qui n'a pas d'égale dans le Siècle : M. Albert de Mun.

CHAPITRE X

LE SOCIALISME CHRÉTIEN. — CONCLUSION

Bien différents des partisans de l'école économiste, les néo-catholiques (que l'on nous pardonne cette expression) rompent ouvertement avec les doctrines matérialistes et sensualistes. Ils répudient même le libéralisme contemporain sous toutes ses formes.

Ils blâment judicieusement la Révolution Française d'avoir supprimé les anciennes corporations, sans avoir pourvu pour l'avenir au sort des ouvriers. Que dirait-on du gouverneur d'une place forte, qui, sous prétexte que les fortifications ne suffisent plus en face des nouveaux engins de guerre, les feraient détruire, en négligeant d'en faire édifier de nouvelles. Son imprévoyance serait traitée de crime. Les hommes de la Révolution n'ont pas agi autrement. Au nom de la liberté du travail, ils ont brisé les entraves, qui, à leurs yeux, mettaient obstacle à cette liberté. Mais ils ne se sont pas aperçus qu'ils laissaient une déplorable lacune.

Comme les économistes dont nous parlions tout-à-l'heure, ils ont proclamé la lutte pour l'existence. N'est-ce pas la production des doctrines de Darwin? Pour être logique, c'est à Malthus que nous devrions, selon eux, demander des remèdes, dans le cas où il y a encombrement dans une société impuissante à nourrir tous ses membres.

Les catholiques ont vu le péril. Frappés de la durée des corporations, de l'alliance que le système établissait entre le patron et l'ouvrier, ils ont pensé que faire revivre ces corporations qui semblaient avoir donné de si bons résultats sous l'ancien régime, c'était du coup guérir les plaies de la Société, mettre fin à l'antagonisme des classes.

Des orateurs brillants ont illustré et illustrent la tribune du Parlement, se faisant, devant les représentants de la patrie les revendicateurs de la classe ouvrière. La chaire sacrée a pu se croire aux plus beaux jours de l'éloquence des Pères, sous l'impression chaleureuse et convaincue des nouveaux apôtres.

Les salles de théâtre les plus vastes se sont trouvées trop étroites pour contenir les auditeurs nombreux que les de Mun et les Harmel attiraient autour d'eux. Dans ces vastes meetings l'élément populaire comptait d'innombrables délégués. Des comités se sont formés de toutes parts, des congrès s'ouvrent encore périodiquement pour constater les progrès qui s'accomplissent dans l'œuvre.

L'on a créé dans tous les grands centres industriels des *Cercles Catholiques*, où la jeunesse ouvrière peut trouver d'honnêtes passe-temps, où les patrons d'usine, les bourgeois ne dédaignent pas de venir conférer avec les membres présents.

L'œuvre des cercles catholiques, néanmoins, n'offre pas tous les bons résultats que l'on était en droit d'en attendre. Le nombre des adhérents est relativement restreint.

A Paris, il est presque négligeable.

A Lyon où l'œuvre fut inaugurée d'une façon si solennelle, ils n'ont guère mieux prospéré.

C'était un beau spectacle, cependant, de voir un vieil évêque aveugle, dont la parole véhémente rappelait celle de Jean Chrysostome, célébrer l'office divin que servait un brillant officier, en qui s'incarnait le soldat et l'apôtre, véritable Paul des temps présents, mais qui n'a connu d'autre chemin que celui de la vertu et de l'innocence du cœur.

Il ne nous appartient pas de rechercher quelles causes ont frappé de stérilité cette œuvre qui a jeté dès son apparition tout l'éclat dont elle devait disposer. Les ennemis du catholicisme ont eu peur des premiers progrès. Ils ont crié « sus » aux Cercles Catholiques et ont tenté de les ridiculiser. Cela était tout naturel ; leurs fondateurs s'y attendaient.

Nous croyons, toutefois, qu'il faut remonter plus haut, et que si la tentative de restauration des corporations n'a pas été accueillie aussi favorablement que l'on s'y attendait, il y a là un défaut de principe.

Nous avons dit qu'il y avait toujours un grand danger à vouloir ressusciter le passé et à se mettre entre le mouvement progressiste et la Société.

N'est-ce pas là ce que l'on peut reprocher a

l'école de Mun. Ses partisans veulent ramener de toutes pièces les corporations; et c'est en cela, croyons-nous, qu'ils se trompent.

Ils ont raison de demander l'organisation du travail; ils ont raison de chercher dans le passé un antécédent aux associations qu'ils veulent constituer.

Où ils ont tort, c'est quand, poussant au paroxysme leur enthousiasme pour des temps disparus, adorateurs passionnés de ce qui ne peut revivre, ils rêvent de rayer de l'histoire tout un siècle de luttes et de transformations.

Nous ne voulons pas examiner s'il serait profitable de ramener ainsi tout d'une pièce l'ancienne organisation des maîtrises et des jurandes. La réalisation de ce rêve serait impossible.

Les catholiques allemands semblent approcher plus près de la solution de la question.

La restauration des corporations dispense d'un effort d'intelligence. Il n'est pas aisé, il faut le reconnaître, de régler les conditions des rapports de l'ouvrier et du patron. Tous ou presque tous ceux qui ont tenté de le faire ont piteusement échoué.

Les catholiques allemands, loin de répudier

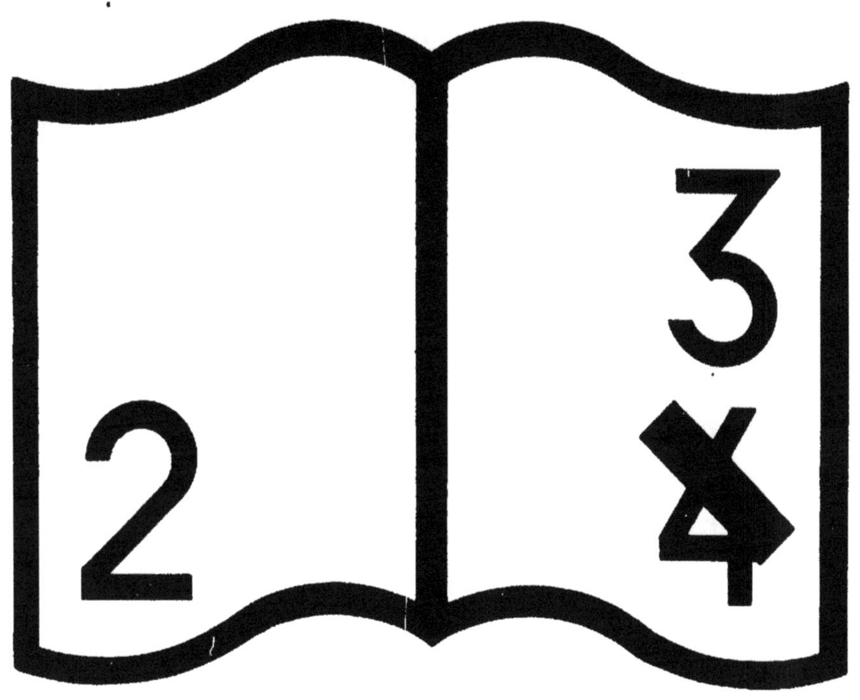

Pagination incorrecte — date incorrecte

NF Z 43-120-12

ce nom de ***socialistes***, que les catholiques français regardent comme une injure, s'en fon gloire.

En France, l'on a trop coutume de regarde les catholiques comme formant un parti politique. L'instabilité gouvernementale les a souvent contraints à s'appuyer sur tel ou tel prince tel ou tel principe de gouvernement, contr lesquels les classes populaires conservent le plus injustes préjugés. De là, la difficulté d rassembler en une œuvre commune des hommes qui, avant de prêter le concours que l'o réclame d'eux, se demandent si les organisateurs de l'œuvre en question sont républicains, impérialistes ou royalistes et approuvent ou condamnent, selon que les promoteur répondent ou non à leurs convictions politiques

Le salut, croyons-nous, n'est pas dans l restauration pure et simple des corporations Quelle sera l'Intelligence qui dégagera de efforts des démocrates catholiques, la Vérité Qui fera surgir la lumière de ces ténèbres Qui donnera à l'ambryon la force qui enfante

Nous ne savons, mais nous croyons qu'i y a plus à attendre en pareille matière d temps que des individus.

tels susciteront des cris d'effroi, mais avec quel empressement le peuple chrétien se lèvera pour saluer son libérateur et son sauveur, quel enthousiasme nouveau éclatera dans les joyeux « *Te Deum* » chantés par des peuples de frères dans les temples désormais trop étroits pour recevoir leurs innombrables cris d'allégresse !

Quels vivats acclameront le pape démocrate ! L'église se croira rajeunie, si pour elle le temps était autre chose qu'un vain mot.

Les temps, pensons-nous, ne sont pas loin où s'accomplira dans le monde, cette inévitable révolution. Comment et par qui se fera-t-elle ? Nous l'ignorons. Mais il est du devoir des catholiques français de prendre en main la direction de ce mouvement, il est de leur devoir de rejeter tous les préjugés erronnés qui mettent les masses en défiance. Ce qu'il est urgent, surtout, de montrer au peuple, c'est le vif intérêt qu'on lui porte, c'est l'amour ardent qu'on a pour lui.

N'attendez pas, patriotes français, que, pour vous rappeler à votre devoir, les détonations formidables et destructrices vous viennent arracher à votre sommeil, n'attendez pas que les flammes de l'incendie viennent éclairer l'obscurité des nuits. La France a encore assez de sang généreux, assez de valeureux dévouements pour sauver le monde.

Et si vous demandez quels moyens vous devez choisir nous vous conterons, une vieille histoire :

Une femme, entourée de ses enfants, se mourait d'une maladie inexplicable. L'un des médecins proposait de ramener la chaleur, un autre voulait employer la glace, un chirurgien pratiquer une saignée, « Mère, mère, » s'écrie un de ses enfants, et aussitôt, à la voix de son sang, la femme ouvrit les yeux.

France ! France ! réveille-toi donc aussi, sors de ton sommeil léthargique. Il y a encore pour toi de beaux jours. France ! éveille-toi, car ton rôle ne fait que commencer.

France ! France ! toi dont les fils portent aux peuples ignorants les lumières de la foi et de la civilisation, *surge*, lève-toi ; laisse là la coupe empoisonnée des plaisirs, lève-toi, car le Monde attend de toi sa protection, son salut.

France ! lève-toi... Laisseras-tu à d'autres,

Quoi qu'il en soit, les masses ne consentiront pas au rétablissement des anciennes corportions. C'est à prendre ou à laisser.

L'avenir appartient encore au Christianisme. A l'heure qu'il est le Christianisme accomplit une de ces transformations qui lui sont si faciles, que ses enseignements, à la portée de toutes les situations, favorisent si clairement. S'agit-il d'arrêter la marche incendiaire des révolutionnaires, le Christianisme est là pour faire respecter les personnes et les propriétés. S'agit-il de soustraire le faible, le pauvre aux exigences du fort, du riche. L'Eglise n'a qu'à fouiller dans sa bibliothèque. Elle trouvera des accents pour flétrir l'oppression ; que dis-je, il n'y a qu'à ouvrir l'Evangile, à en lire une page pour trouver la condamnation des persécuteurs et le respect de la personne humaine dans la liberté.

Les principes de l'Eglise sont essentiellement socialistes. Les ordres mendiants reposent sur une application pratique du Socialisme, et c'est l'état que l'Eglise donne à ses fidèles comme idéal à atteindre. Chose bizarre, pourtant, les socialistes contemporains ont, pour la plupart, prêché le matérisalisme et l'athéisme. D'où vient cet égarement ?

C'est facile à comprendre. La plupart des propagateurs de ces théories ont eu en but non pas le bien du peuple, mais la satisfaction de leur propre ambition. Semer dans les masses l'idée du néant après la mort, c'était pousser ces masses à la révolte, car, n'ayant rien à attendre d'une justice supérieure qui n'existe pas, où celui qui souffre trouvera-t-il compensation à ses maux ? où, sinon dans ce monde, et laquelle, sinon celle qu'il se donnera de ses propres mains.

L'Eglise, au contraire, réprouve toute révolution violente.

La Révolution sociale se fera : mais elle se fera sous l'égide du Christianisme, ou elle ne se fera que pour aboutir à l'esclavage. Elle se fera lente et pacifique. C'est du Vatican que doit, croyons-nous, partir l'appel.

Le jour où l'hôte de la Ville Eternelle jettera le cri d'alarme, appellera à lui tous ses enfants pauvres et déshérités, quelques trônes chancelleront peut-être, quelques vieux restes de féodalité iront rejoindre les ruines éternelles; peut-être, en s'écroulant, quelques vieux casle soin de recueillir les fruits de tes abondantes semences.

Faudra-t-il que Dieu fasse appel à des peuplades nouvelles pour accomplir ses œuvres. Non, France, car tu es là... et tant que tu seras là, l'archange Michel n'aura pas à rougir son épée.

FIN

TABLE DES MATIÈRES

Imp. J. Mayer et Cie, à Lons-le-Saunier.

www.ingramcontent.com/pod-product-compliance
Ingram Content Group UK Ltd.
Pitfield, Milton Keynes, MK11 3LW, UK
UKHW020121200726
13856UKWH00002B/667

9 782013 578387